我的中国故事 II

海外学者
的中国缘

《我的中国故事》编委会 编
［保］韩裴 等 著

北京时代华文书局

图书在版编目（CIP）数据

我的中国故事：海外学者的中国缘 /《我的中国故事》编委会编；
（保）韩裴等著 . — 北京 ：北京时代华文书局，2020.8
　ISBN 978-7-5699-3830-2

Ⅰ . ① 我… Ⅱ . ① 我… ② 韩… Ⅲ . ① 故事—作品集—世界—现代
Ⅳ . ① I14

中国版本图书馆 CIP 数据核字（2020）第 133551 号

我的中国故事：海外学者的中国缘
WO DE ZHONGGUO GUSHI HAIWAI XUEZHE DE ZHONGGUO YUAN

编　　者｜《我的中国故事》编委会
著　　者｜〔保〕韩　裴　等
出 版 人｜陈　涛
责任编辑｜周　磊　余荣才　刘　怡
特约编辑｜于　静　周　佳
责任校对｜徐敏峰
装帧设计｜谢金宝
责任印制｜刘　银　訾　敬

出版发行｜北京时代华文书局 http://www.bjsdsj.com.cn
　　　　　北京市东城区安定门外大街 136 号皇城国际大厦 A 座 8 楼
　　　　　邮编：100011　电话：010-64267955　64267677

印　　刷｜北京盛通印刷股份有限公司 010-52249888
　　　　　（如发现印装质量问题，请与印刷厂联系调换）

开　　本｜787mm×1092mm 1/16　印　张｜13.25　字　数｜280 千字
版　　次｜2020 年 12 月第 1 版
印　　次｜2020 年 12 月第 1 次印刷
书　　号｜ISBN 978-7-5699-3830-2
定　　价｜68.00 元

版权所有，侵权必究

《我的中国故事》编委会

主　任：张纪臣
副主任：林丽颖
委　员：张纪臣　林丽颖　雷建华
　　　　赵大新　王宇燕

编　务：刘　怡　于　静　周　佳
　　　　葛江霞　包兆麟　曹　杉
　　　　邓南茜　辛炳烽

序

张西平[*]

文明互鉴：中国与世界

这是一本很感人的书，书中的作者大部分都是获得"中华图书特殊贡献奖"的朋友。

89岁高龄的罗马尼亚汉学家萨安娜在书中讲述了她70年来与中国交往的故事。作为新中国成立后第一批来华的留学生，她开启了新的生活，从此"亲近伟大的中华文明，一见难忘，一生相随"。

2008年在北京语言大学获得博士学位的埃及青年翻译家哈赛宁，20年间，翻译了20多部中国文学著作，使当代中国人的故事在埃及流传。

他们当中，有的对中国的古典文学着迷，有的欣赏当代中国文学的叙事与审美。前者如翻译《孙子兵法》的瑞士资深汉学家胜雅律、翻译《红楼梦》的保加利亚汉学家韩裴——他认为，古典的中国"将美和意境完美结合，优美的诗歌和至理的箴言让思想永传不朽"。后者则如韩国汉学家金泰成，他从小说中看到了当代中国文学"吸收了全球的文学、美学、哲学和各种思想系统"。而德国青年汉学家石坤森则在对中国当代戏剧的翻译实践中寻找到了深厚的历史和跳动的青春。

他们来自四面八方，孟娜带来了伊朗人民的友好，莫尼勒带来了吴哥文化的问候。他们与中国的交往方式各自不同，缅甸的通丁教授在美丽的未名湖畔与北京大学的教授一起编撰《缅汉词典》，而黎巴嫩出版家穆罕默德·哈提卜和波兰学者约安娜·马尔沙维克·卡瓦则用他们的智慧与能力架起了中国与中东和东欧国家文化的桥梁。他们推动了中国出版走向世界。

---

[*] 张西平，北京外国语大学教授、北京语言大学特聘教授、《国际汉学》主编。

这是一本讲述中国与世界故事的书，每一位作者都有着不同寻常的经历，每一篇文章都抒发了作者对中国的热爱和敬意。

中国的伟大在于她有着历经千年而不灭的文化，这是整个人类文化的奇观。在18世纪以前的几个世纪中，中国是世界上最富饶、最强大的国家。近代以来，中国文化虽然遭受了外来文化的冲击，在文化形态和内容上都发生了深刻的变化，但中国文化的本质仍然屹立不倒，她仍是中国人的日常生活准则和精神家园。中国传统文化是人类文明史上的一朵奇葩，她无穷的魅力吸引着越来越多的外国朋友在其智慧的海洋中寻找生活的真谛，陶醉于其色彩斑斓的审美形态中。

中国的伟大在于她既古老又青春。在中国共产党的领导下，经过70年的奋斗，中国已经成为世界大国。北斗导航、高速铁路、智能手机，中国人民以勤劳与智慧，以不可思议的速度，创造了一个全新的中国。西方的发展与强大是建立在最初的殖民主义基础上的，中国则走了一条与西方完全不同的发展道路。中国经验值得后发展国家借鉴与学习。摩洛哥学者法拉塔·瓦拉卢教授将其概括为八条经验：从保障国家制度的稳定、对领土完整的追求而设计的"一国两制"到以经济建设为中心的战略；从开放的一体化区域经济协调到坚持多样性的外部政策，等等。这是中国为世界展示的新的发展方案、新的发展道路、新的智慧。

历史的中国灿烂辉煌，当代的中国青春勃发。

中华文明的博大与精深是在吸收其他外来文明的基础上形成的。从汉代到唐代，佛教、基督教、伊斯兰教，以及祆教和摩尼教，先后经由丝绸之路传入中国。佛教文化对中国的哲学、文学和艺术都产生了广泛和深远的影响；中国文化不仅汲取了佛教文化中的合理因素和有益成分，也对其进行了转化和创造，以丰富和发展自己，并使其熔铸为中国传统文化的一部分。

犍陀罗艺术的诞生说明了西方文明对东方艺术的影响。它是古希腊与古印度两大文明相互交融的结果，它让佛教文化获得了直接诉诸视觉的极其优美的艺术形式。

16~18世纪，西方传教士来到中国，为中国带来了新的知识和理念。中国人由此知道地球是圆的，夷夏之分的世界观顷刻瓦解，天文、数学、绘画、逻辑，一个多彩的立体的西方展现在明清士人面前。

今天中国提出了"一带一路"倡议，与沿线各国合作与交流，共商大计，共谋发展。

崛起的中国从中华文明漫长的历史中得到启示：

文明是多彩的，人类文明因各呈特色才有交流互鉴的价值；文明是平等的，人类文明因平等才有交流互鉴的前提；文明是包容的，人类文明因包容才有交流互鉴的动力。

文明因交流而多彩，文明因互鉴而丰富。文明交流互鉴，是推动人类文明进步和世界和平发展的重要动力。

在本书中，我们看到的是文明互鉴的力量，看到的是多样文明的欣赏与学习。本书的每位作者都告诉我们：人类同在一个蓝天下，和平是人类永恒的追求，学习是人类进步永恒的动力。世界各国人民应该携起手来，传播友爱，拒绝仇恨，推动不同文明的大融合，推动人类命运共同体的建设。

2020 年 8 月

目录

2　我的中国记忆 / 韩裴（保加利亚）

30　幕后的汉学家：中国戏剧翻译 / 石坤森（德国）

52　七十载春秋，我的中国心 / 萨安娜（罗马尼亚）

72　我与中国当代文学 / 金泰成（韩国）

88　阅读中国 / 哈赛宁（埃及）

98　从"中文"到"中国" / 胜雅律（瑞士）

116　我身上流淌着中国血液 / 谢莫尼勒（柬埔寨）

132　我生命中的三分之一时间在中国度过 / 孟娜（伊朗）

148　我在北京的三年 / 通丁（缅甸）

156　我的中国缘 / 穆罕默德·哈提卜（黎巴嫩）

168　我与中国一见钟情 / 约安娜·马尔沙维克·卡瓦（波兰）

182　遇见中国 / 法塔拉·瓦拉卢（摩洛哥）

中文给我一种非常特殊的感觉，仿佛能让我穿越到过去，真切地看到和触摸到那个古老世界一般。古典中国将我童年时代的两大情趣——美和意境交织在一起。汉语将美和意境完美地结合。优美的诗歌和至理的箴言让思想永传不朽，成语则将古人的智慧完整地传于后世，跨越历史长河而未曾有一丝改变。

——韩裴（保加利亚）

我的中国记忆

韩裴（保加利亚）

韩裴（Petko Todorov Hinov），1972年生于保加利亚普罗夫迪夫市，1996年硕士毕业于索非亚大学汉语专业，文学编辑、翻译、作家、诗人，译作有《红楼梦》《七侠五义》《吾国与吾民》《生死疲劳》等。其保加利亚语译作《红楼梦》卷荣获2015年度"赫里斯托·格·达诺夫文学奖（Bulgarian national literary prize Hristo G. Danov）"；2016年至今担任外语教学与研究出版社在保加利亚设立的中国主题编辑部主编，2017年8月荣获"中华图书特殊贡献奖青年成就奖"。

曾经有一个地方，如今，只残存些许记忆——它是我记忆中的一座岛，是我童年居住过的地方，它就是位于保加利亚中北部的塞夫列沃市。如今，这座岛被另一个地方所取代，世界也在不断地改变着它原有的样貌。

我生命中最初萌发自我意识的时刻是被一个小世界的新奇、快乐和庇护感所填满，同时也是被无瑕的天空——一个由太阳、月亮、星星、云彩、纯粹和爱编织而成的奇妙世界所笼罩，令我感到温暖、亲切。我最初的渴望是对美的渴望，而最早的感受是感恩和好奇。在我的人生中，有三样东西虽然很渺小，却构筑起了我的整个世界，让我感到温暖而不再疑惑，它们就是塞夫列沃的小世界、充满爱的小家庭，以及保加利亚语——一个小国语言，也是我生命中最容易触及的奥秘。

我的生活幸而有这些渺小，才使得我骄而不躁、自尊而不自负，是它们让我不去苦苦追求不切实际的幻想。恰是这些渺小，给一个孩童带来了隐匿在一片草或一滴露珠之下的无边无际感，令人难以自拔。

虽然，我来自一个小国家的小镇，但那里有着丰富的历史和语言文化。语言是记忆给我们的珍贵礼物。我的语言天赋受馈于我的祖先——那是一湖半透明的湖水，闪耀着古典文学、民歌和诗歌的金色光芒。我们所有或伟大或渺小的过往，都浸没在对自己和对祖国的记忆海洋中，这些记忆都开始于童年时代的那个小小圈子，然后朝着爱、美丽和想象的世界延伸，并且始终不会脱离我们自己的家园。作为对世界认知的起点，我们的语言也和记忆一样。家乘以语言便等于我们的国家。

歌曲、诗歌、小说和童话，这些让我爱不释手的文字犹如阵阵波涛向我涌来，打开了我的世界。在故乡山峦的怀抱中，我喜欢在充满无限想象、美丽、真实和丰富情感的世界中漫游，去遇见文字里的英雄与恶棍。有了这些，我无须再去往更远的地方。

我迈向文学的第一步并没有什么特别。在我学会说话之前，我一定是被保加利亚语的韵律、保加利亚风暴中的惊雷，以及保加利亚歌声中的渴望所迷住。在那些歌声里，不仅有母亲和祖母唱给我的童谣，还有周遭世界中和风、斑鸠、鸽子、蟋蟀、云雀、夜莺、麻雀、鹳鸟发出的美妙音符。当我心中的保加利亚种子在大自然的魅力中不断成长时，我的双眼也装满了保加利亚天空的熠熠光芒，令我浸沐其中。那片天空清澈而平静，有灿烂的阳光、温柔的月色和宁静的繁星。我的鼻子呼吸着用其他语言无以言说的保加利亚气息，那种气息来自菩提树、玫瑰花、新鲜的土壤、坚如磐石的树根、雨水润湿的树叶、暴雨冲刷后的屋顶、柔嫩的草丛、花团锦簇的繁茂树木，还有在巴尔干河河水中荡涤后掸除了灰尘的手织簇绒地毯、祖母用自制毛线制作成的毛线鞋，以及家里揉制的面包和蜂蜜蛋糕。很早的时候，家人便用保加利亚语给我描述所有的这些事物。当时我根本听不懂，更谈不上与家人交谈。

在爱上中国和汉语之前，我便被各种中文符号迷住。后来在大学学习中文之前，我发明了一份"符号—字母对照表"，其中的每个符号都与西里尔字母中的一个字母完全对应，有时，我会用它来给我的文章"编码"。这或许可以解释当我第一次看到汉字，特别是古汉字时，给我带来的那种不可言喻的震撼。

我爱朴实无华

我在一个偏远的小镇里长大，镇上的生活简单而朴实。这里充满了上天的眷顾，与我祖先的村落、原住民住地和神秘的巴尔干山脉只有几步之遥。这或多或少影响了我通往中国的道路，因为中国拥有博大精深、包容宇宙万物的历史文化，对我来说，有一种令人着迷的吸引力。随便拿起一幅传统中国画，你都会发现，作者对小到纤如发丝的细节的专注，令人赞叹。同样，也正是这种精致使我爱上了中国古典文学，那是一种对微末细节的极度追求。可以说，汉字就像一扇小窗，它所开启的世界比任何其他语言所能引人前往的世界都要更加宽广。

我爱充实

我的童年生活是十分充实的，现在也是如此。儿时的渺小保护了我免受大千世界各种名利的诱惑，而保加利亚歌曲和传说则为我开启了一个新的世界，这个世界比最诱人的现代广告都要令人着迷。我想，这正是我热爱中国的根源之一——我的内心世界虽然渺小、谦卑，但富足、安稳，能够帮我抵挡住所有极端心态的侵扰，让我始终保持内在和外在的平和。在我看来，保加利亚人的至理名言与中国的古典智慧同根而生。前者养育了我，后者则自然而然地吸引着我。

回家始终是我梦之所想

我们能够热爱的世界是一个小小的世界。可是，相比童真世界，即使是地球也显得同样渺小。理性地说，孩童的世界小到无法理解，但感性而言，它比现实更加广袤。即使是对"全人类"和"全世界"这样强烈的爱，也没有孩子对家庭之爱来得真实。在偌大的世界上，只有保加利亚和中国给了我一种家的归属感。中国和她的过往一直都令我梦想着能越过地平线，走向充满朴实和智慧的遥远土地。但当我身在中国时，我所魂牵梦绕的又成了保加利亚和她的过去。

我爱书法

在童年时，文字是触动我想象力的最敏感的器具。童话故事无论是来自保加利亚还是来自"远方"，都不断激发着人们对书籍的热爱，对我更是如此。记得早在1978年，我上学之前，便会不时收到一些书籍作为礼物，那是我人生中第一次接触书籍。父亲对我很严厉，在我6岁的时候，便要求我阅读。忘了从什么时候开始，书籍组成了我的世界。当然，我并不是指所有的书籍，而是那些插画和文字令我着迷的、能够带我去往"远方"的书籍。那是一种只有书籍才能赋予的旅行，或者更准确地说，是一次充满美感和想象力的挥动文字之翼之旅。因此，书籍成了我童年的"翅膀"。

我爱山峦

我的家乡塞夫列沃横卧在一个山谷中，被北高南低的陡峭群山环抱。因为这些山峦，我在很小的时候便有一种被保护的感觉。在这片土地上，我感到安然而自在，因此也逐渐萌生了对故乡的守护者——山峦的热爱。我的家与田野为邻，我对这片肥沃的土地和她所孕育的果实产生了一种依恋，那是我的保加利亚"宇宙"、我的童年世界所独有的味道。同时，与田野朝夕相处也让我对这片渺小土地的守护者充满了美好的回忆和感激之情，那是美丽、原始而不可征服的巴尔干高原，是不可言传的神奇宝库！

我爱听故事和讲故事。但我最爱的还是诗歌，是它们在我还不知道中国之前，便将我与中国和中国文学联系在一起。中文是最具音乐性的语言，而乐感一直以来对我学习中文都帮助颇大。

我爱简单而柔和的音乐

音乐是人类最神奇的天赋，但是现在被简化成一个个音符和实体的音调，我认为这是对音乐的扭曲和贬低，几乎无法再表现出音乐神圣的精神尊严。我想，如果早在我年轻时，就了解孔子关于古典音乐的社会教育意义的思想，我可能会在那些摇滚、怪诞的音乐中少浪费一些时间，而我认为这些音乐存在的唯一理由可能是满足多数年轻人所谓的一种叛逆或一种想求得尊严的宣泄。但其实他们并不了解也未曾拥有过真正的尊严。幸运的是，我从未和他们一样，我是天生的"逆行者"、一味地回味过往光阴的旅行者，我不断地寻找着文化、语言和人文领域内被遗忘的宝藏。

有一天，我爱上了远东

相比中国，我对日本更早产生兴趣，自然而然地，日本也最先激发我想满足内心对智慧的渴望。起初，保加利亚人通过电视连续剧来了解远在世界另一隅的日本。20世纪80年代，詹姆斯·克拉威尔（James Clavell）的两部电视剧《幕府将军》（*Shogun*）和《背叛的武士——葵》（*Aoi—the Betrayed Samurai*）最令国人印象深刻，激起了人们对远东的想象，而我也被《幕府将军》中日本人的生活方式、语言和文化深深吸引。这部电影让我第一次认识了远东，领略到了它的丝绸、武士、尊严，最重要的是慢节奏的生活和朴实的智慧。

后来，我爱上了中国

在20世纪80年代中期，对保加利亚人而言，中国是一个模糊而神秘的国度。谈到远东，我们首先想到的是日本。应该说，20世纪80年代对保加利亚人甚至整个欧洲国家的人而言,是遇见"日升之国"的年代。我们观看的许多亚洲电影和电视连续剧都是日本制作的。当时,最畅销的书籍是马尔科·塞莫夫(Marko Semov)的游记——《那个日本》。他在该书的第一页上分享了当时我们许多人的观点,他写道:"现在日本已经取代了美国。""日本奇迹"成了人们的口头禅。我并不是说中国对我们来说是完全陌生的,它一点也不陌生。但对那个时代的我们来说,谈到远东,最先想到的还是日本。虽然这么说有些冒失,但那个时候,"中国奇迹"还没有发生,在20世纪80年代中期,几乎没有人能想到中国正在世界东方的地平线上冉冉升起。

我与中国结缘是一场完美的不期而遇,但是,我的内心其实早已为这场相遇做好了准备。这种准备来自武侠电影,其中就包括朝鲜电影《神笛少侠洪吉童》(1986年)。这部影片讲述了一个男孩的浪漫故事,他是朝鲜贵族家庭的小妾所生,因此受到了朝鲜上流社会的鄙视和驱逐。洪吉童由他的祖父抚养长大,他的祖父是一位了不起的道家隐士,是一位功夫大师,能徒手接箭,还能通过点穴让敌人动弹不得。

直到20世纪80年代中期,中国才逐渐出现在我的生活中。一个星期天的晚上,保加利亚国家电视台在《一周电影大盘点》中,宣传了一部新电影,它正是当时声名鹊起的中国武打新星李连杰的第一部电影——《少林寺》。

电影中,李连杰饰演的少年小虎敢于赤手空拳勇斗全副武装的士兵,他的一身好功夫瞬间吸引了我。当时,所有邻家男孩都有一个"侠客"梦,希望自己能劫富济贫、伸张正义。于我而言,《少林寺》这部电影来得很及时。同期,在保加利亚电视台播出的还有詹姆斯·克拉威尔(James Clavell)的《幕府将军》和朝鲜的罗宾汉式电影《神笛少侠洪吉童》。怀揣"侠客"梦的我们,被这些电影深深俘获。

我记得第一次看《少林寺》,那令人惊叹的中国武术、极富魅力的汉语韵律及牧羊女白无瑕(丁岚饰)的迷人歌声,令我印象最为深刻。我以前从来没有听说过或看过这种类型的电影。因此,这部电影对于我进入"中国道路"具有重要意义，同时也是我人生中的转折点。我的"中国梦"正是诞生于这部电影中犹如清澈溪涧银铃般声响的汉语、"少林寺"三个亮黄色的汉字和那令人如痴如醉的电影音乐。

这是我第一次对中国产生归属感，这种感觉微妙而深刻。后来，我有了一个少年梦，未来要在中国遇见我心爱的女孩。最初，我梦中的中国女孩是像丁岚那样的洁白无瑕的女孩。这种爱源于对她美貌的纯粹迷恋，以及对自己会在遥远的中国找到心爱的姑娘这一不可阻挡的预期。

1988年夏末，我不假思索地做出了选择

有一天，妈妈直截了当地问我："你想学中文吗？"

老实说，我当时并没有想过学中文，那仅仅是一个梦想。我仍然记得，那个夏末在我们老房子里度过的那一天。老房子的房顶上覆盖着红色的瓦片，在大门口处，有一棵老菩提树。我在那儿度过了最快乐的童年时光——如今，我再次回到那里，一边陪伴家人，一边翻译着中国古籍。那一天，天气晴朗，就像我的心情一样。阳光穿过房间朝南的窗户，洒了一地。

"想！"我直接回答。

我相信那一刻，我对中国的爱就像一颗种子破土而出，沐浴在阳光之中。

当时，我已经在普罗夫迪夫的英语学校学习了两年。当我的回答脱口而出时，我的心为之轻轻一颤。梦想和愿景令我对中国心驰神往。我的内心深处住着"我爱的中国姑娘"，她永远与丁岚的形象交织在一起，就那样深情而纯真地唱着、笑着。一直到20世纪80年代后期，她的微笑、乌黑的秀发、挺直的鼻梁和深邃的眼睛一直是我对中国少女的全部想象。她清脆的嗓音犹如山间溪流，在我的心中不断回响，令我日夜思念。后来突然之间，在我的脑海中丁岚的形象开始蜕变，诞生了一个新的女孩，这个女孩的歌声俏皮而内敛，充满了欢乐，她从头到脚都穿着红色的礼服，是一个纯洁而又热诚的年轻新娘形象，这成为我所热爱的中国的象征。

那时，我注视着东方，眼中不再有我的故乡。

后来，在父亲的帮助下，我获得了已故老师张荪芬（1918—2010）编写的教科书和字典。张荪芬是保加利亚的第一位中文老师，我很荣幸能够在20世纪90年代末成为她的学生。同时，我还得到了四大卷《中俄大字典》，这些图书现在已经很少见了。直到1991年，我进入索非亚大学东方和新语言学学院中国语言学系那一天，这些图书一直是我所拥有的关于汉语的全部。1988年，我开始自学中文。保加利亚首都索非亚是当时唯一开设了中文课程的城市，由于我住在离索非亚较远的地方，因此，无法参加这些课程。在英语学校学习的一年时间（9月至次年7月）里，我的学习任务很繁重。每次学校放假，我都会在家乡塞夫列沃或一个名为斯托基塔的小村庄的山间小屋里度过，在那里独自学习中文。当时，我只能通过教科书里的书面解释来学习中文发音，现在回想起来，那真是一种对知识的极度渴望！尽管那时与张荪芬不曾相见，但她的确是我的第一个中文老师，这是事实。我严格地按照她在书中的说明一遍又一遍地练习。后来，我获得了那本教科书的录音带，但那已是1991年的夏天，我学习中文已将近4年。那时，我才获得纠正自己中文口语错误发音的机会。尽管那只是利用录音带学习，但我仍然记得，我在终于听到地道中文发音时的那种兴奋与陶醉。

从那以后，暑假的大部分时间我都用来学中文。当我的同学天南海北地旅行，或参加各种有趣的活动和比赛时，我始终独自一人品读着我的中文教科书和字典，用心感受着那古老文字的魅力，体味着"玄之又玄"的中文奥秘。

我对中国古代语言和文化的热爱远不止于此，对中文写作的痴迷也再次印证了我对遥远过往和经典文化的热爱。中文给我一种非常特殊的感觉，仿佛能让我穿越到过去，真切地看到和触摸到那个古老世界一般。中国古典将我童年时代的两大情趣——美和意境交织在一起。汉语将美和意境完美地结合。优美的诗歌和至理的箴言让思想永传不朽，成语则将古人的智慧完整地传于后世，跨越历史长河而未曾有一丝改变。这些都是我从未听说过的语言特质。语言就像人一样，也会萎缩、弱化和死亡。在我看来，汉语通过从历史中不断积累的成语和知识，显得愈发健康和富态。中国文学中明显的历史性和独特性一直吸引着我。即使是现在，当我慢慢阅读汉语文章时，我仍然会不知不觉地掉入其神秘深洞中，产生一种类似音乐的感觉。书中的每个字符都是一个世界，透射出令人无法言喻的精神内涵！

1991年，我成为保加利亚最古老大学——奥赫里德圣克莱门特索非亚大学中文系的第一名正式学生。当时，为了入学考试所做的一切准备，至今还历历在目。汉语言文学是学校新开设的专业，考试科目是英语和保加利亚文学。在考试的那个夏天，我常常在山间小屋后的梅树下铺上一张毯子，用我的奥利维蒂打字机撰写我的文学作品，一时间打破了四周的静谧。有时，我也会在那儿花上几个小时阅读英语书籍。

临考前，我仍觉得准备得还不够充足。于是，我去了塞夫列沃当地的教堂，点了一支蜡烛，祈求成功入学。那时，我一生中最大的梦想就是成为索非亚大学的一名中文系学生。

在此之前，我曾去过东方语言文化中心（CELC），当时它所在的那条街还叫作内乔·特萨诺夫79（Naitcho Tsanov 79）。该中心的房间位于三楼，看起来十分简陋。我仍记得第一次去那儿时的情景。我站在办公室门口，心中满是紧张和敬畏，我鼓起勇气敲门，见到了我未来的汉语老师。从那时起，我便十分用功地学习，想成为那里的学生。我的祈祷得到了回应。我的一位阅卷教授告诉我，我的文学考试分数第一，英语考试分数也很高。他说，大家都很好奇为什么我会选择中文专业，毫无疑问，如此高的分数可以进入很多"更好"的专业，而我填写的第一志愿是汉语言文学。我并没有回答教授的问题。我知道我想要的是什么，我只是单纯地想把我的一生献给中国和中国文化。因此，我渴望能早一点正式开始汉语学习，报名前的等待令我度日如年。当我得知可以报名后，我便立即前往索非亚报名，得到了我的学号——001号（因为这是一个新的专业）。

秋天，我正式开始了在索非亚的学习生涯。我们班共有五名学生，后来陆续来了一些插班生。这一年，对处在十字路口的保加利亚而言，是至关重要的一年，但对我而言，是被中文书籍包裹的一年。你几乎无法想象我进入东方语言文化中心小图书馆时的激动和兴奋！我对这一刻早就期盼已久！我渴望阅读中文书籍、渴望能够夜以继日地学习汉语和汉字。这种渴望如此强烈，以至于我当时觉得我是世界上最幸福的年轻人。我的家人给予了全力支持。在保加利亚那段黑暗的危机时期，我开始生活在被梦想照亮的书本里的小世界。

我几乎每天都在图书馆里待上几个小时，并开始从中文书籍中抄写单字、短语和整页整页的内容。早些时候，我购买了两本真正意义上的中文词典：《现代汉语词典》和《同义词词林》。后来，这两部词典被我当作书籍来阅读。之后，出于对各种中文同义词的纯粹喜爱，我誊抄了《同义词词林》的整个目录，我渴望自己能够有所收获。

去索非亚大学学习中文之前，我已经阅读过《红楼梦》。1987年发表在文学年鉴《书籍世界》上的长篇中国文学史论文中，我第一次专门为《红楼梦》撰写了一篇小文章。《红楼梦》被称为"中国人读了无数遍，已然熟记于心，并会当作诗来大声朗读"的名著。"红楼梦"这三个字随后被翻译成了保加利亚语"Блян сред алени чертози"（Blyàn sred àleni chertòzi）。这几个保加利亚单词都极富诗意，充满了对某种遥不可及之美的渴望。也正是在这个极为出彩的翻译的鼓舞下，我被曹雪芹的小说深深吸引。所以，从书名开始，我便成为曹雪芹小说的狂热爱好者。

当然，当我开始学习中文时，《红楼梦》也是我最先想要拜读的书籍之一。最初，我找到的是八十回版本的《红楼梦》。从第一回开始，我就被它独特而优美的语言迷住。诗意般优美的文字让每个角色栩栩如生。1992年，当我对我的中文老师刘光慧教授说出我的梦想是"将《红楼梦》翻译成保加利亚语"时，她大吃一惊，毕竟我当时只是一个中文专业二年级的学生。不过，这个梦想在20年后的2012年实现了。

游曹雪芹故居

毕业后，我曾于1996年至2010年在一个东正教修道院里当过一阵修道士。我在《归宿：爱中国，爱保加利亚》一书中对这段经历进行了详细的描述，该书已由中国对外翻译有限公司翻译成中文，在2020年3月出版。

2010年，我内心深处的某种东西再次将我吸引到中国。曾经那个稚嫩的梦想，如今却召唤着我的灵魂，并成为我生命中唯一的使命。当时，我通过一些中国朋友和线上学生得知，中国许多学校都需要英语老师。从20世纪80年代末以来，英语一直是我的日常用语。我用英语思考、交谈和写作，翻译过数千页的文章，阅读过长达几万页的佳作。我确信，这是一个非常好的机会。2010年8月，似乎也是我唯一的一次机会，因为1993年到2010年期间，我把精力全部放在了精神和文学活动上，而我的简历只写着我的日常活动：学习语言、翻译、编辑、录音和写作。这就是为什么我向一家招募外籍英语教师志愿者的中国公司投递简历的原因。后来，我接受并通过了在线网络视频面试。2010年9月，我有生以来第一次以英语教师身份来到中国。

聘用我的公司将我分配到了广东省佛山市南海区的罗村第一初级中学（简称罗村一中）。那是一个艰难的开始，但在最初的紧张感消失后，我在罗村有种宾至如归的感觉。闷热的天气已经慢慢消退，学生的喧闹也渐渐远去，一个孤独的保加利亚人坐在七楼狭窄的房间里，一边为下一周的课程做着准备，一边深情聆听着窗外鸟儿、蟋蟀或夏蝉的每一次和鸣。

我还记得另外一种不同寻常的感觉，那是在9月底。当时，我通过在中国开设的我的人生中第一个个人银行账户收到了我的第一笔报酬！一天工作结束了，我走在从红塔向北延伸并铺着镂空地砖的人行道上，工作带来的疲惫和紧张感已被遗忘。沉沉夜幕下的影子抚弄着我的双眼。天气依然很热，我穿了一件衬衫，并把袖子挽了起来。我想从最近的自动取款机上取一点自己用劳动赚来的钱！那时，虽然我只身一人，但在这孤独背后，充满了希望！上帝始终注视着我，用如此多的爱保护着我！此时，我的灵魂充满了说不出的喜悦：

我现在在中国！

我的脚踩在坚实的中国大道上；

我眼中望见的是普通的中国人，是我如此深爱的人！

在这里，普通人于我而言不再普通，他们变成了我将实现的梦想的一部分，而这个梦想在我脑海中已经存在了20多年。很多时候陌生人会对我微笑，用英语说"你好"，或许他们也能多少感受到我的喜悦。这时，我会报以微笑和问候。

我的中国朋友有时会开玩笑，说我的"人缘"很好。事实上，我在中国遇到的每一个人都给我留下了很好的印象。这在我脑海中塑造了一个友好而充满人文关怀的国家形象。这不正是我们在其他人身上看到的——也是我们心中所珍视的事物吗？

下面是从我的"中国日记"中摘录的内容：

在佛山罗村一中，每天早上叫醒我的，不是闹钟的铃声，也不是常在家乡听到的斑鸠那浪漫的叽喳声，而是孩子们的说话声，我甚至可以从七楼的公寓里听到他们的声音。今天早上，当我看到小家伙们带着惺忪睡眼用纤细的小手扫着地，虽说有那么些不情愿，但仍然灵巧地舞动着拖把时，我的内心深受触动。

"老师好！早上好！"

这是我早上去教学楼的路上遇到的第一群学生。这里很少有敞亮的早晨，因为夜里下雨会产生很浓的水汽或雾气，遮住了洒向孩子们睡眼的阳光。虽然天上的太阳不见了，但我在校园里看到的成百上千个小太阳都闪烁着青春的光芒。当然，有的眼睛似乎也因疲惫和不得不面对的繁重学业而显得黯淡。在这所学校里，有足够的空间让孩子们享受童年的快乐吗？我能为他们的未来做点什么呢？这些问题时常炙烤着我的内心。不管怎样，对于学校里的孩子们，我始终觉得他们能够在有严格组织和纪律的生活中找到通往内心自由的道路。而在西方自由散漫的环境里，这种"内在自由"已变成了"外在自由"的模样，正在真真切切地扼杀我们的国家（未来）。——上午7:23"

2010年9月28日

另一次重要的初遇是在中国的书店。以下是从我的"中国日记"中摘录的第一印象：

昨天，我在禅城"书城"的经历令我非常感动。我以前从来没有去过中国的书店，所以这次经历令我印象非常深刻。书店的走廊明亮而简洁，数不尽的书籍摆放得整整齐齐。整个书店布置得井井有条，标志也很清晰。这种安静却又最具才学的地方，每一处都深深地吸引着我，我觉得我可以在这座文学殿堂里待上好几天。

读者们都舒舒服服地坐在地板上，让书城变得更像是一座由现代人和几个世纪前的人们共同构建的一个普通而又近乎超凡的地方。直白地说，在书店的过道上，到处都坐着专注阅读的成人和儿童。我被一个大约14岁的女孩深深吸引，她全神贯注地看着书，当我几乎跨过她面前的时候，她完全没有注意到我。在保加利亚的书店，我从来没有见过这样的情形。

书店里的人并不少，但几乎听不到说话的声音，这里好似书籍的圣殿，任何人都不能大声说话。于是，我在这个奇妙的浩瀚宇宙中，随着寂静的波涛静静漂流，从一本书到另一本书，从一个书架到另一个书架，而跨越的过程就好像从一座岛到另一片未知的土地一般。

与此同时，我还几乎完全淹没在另一种感受中：在这片被书籍围成的关乎人类命运的海洋中，我感觉自己是如此的渺小。在尘封的历史海洋中，文字思想从未被遗忘，它通过永恒的语言进行着心灵的对话，触动着人们鲜活的灵魂，让我们再一次触及文字背后那双已经消失的手。

在令人目眩神迷的思绪和感情的旋涡中，我走出了这座"书城"。此时，我发现自己又回到了熙熙攘攘的街道，这里到处都是难以形容的市井气，路上的人们匆匆忙忙、一刻不停，时间不断吮吸着人类的生命，如此明显，却无人察觉。我忽然感觉这是两个截然不同的世界，是被一堵墙隔开的两个宇宙！

较之我们内心和思想中与书籍连通的美好世界，我们内心和思想之外的世界显得如此黯然失色。

2010年10月7日

仅仅7年后，我在北京外国语大学图书馆也产生了同样的感受。

我本来并不打算去图书馆。我沿着湖边雅致的花园小道散步，路过一张设有长凳的石头桌。年轻的外国姑娘们正在那儿兴奋地打牌，这令我倍感惊讶。她们精神抖擞，享受着星期天下午的时光。

我进了图书馆，去了五楼的古籍阅览室，但遗憾的是，阅览室大门紧锁。于是我下到二楼，出于好奇，我来到了港台书籍阅览室，可阅览室的门同样锁上了。随后，我在各个书架间漫步，来回地摸索和寻找古典文学图书区。然而，这里并没有设置这种图书区。在一阵自我安慰后，我来到了诗集图书区，刹那间，我感觉到一种安静、听不见声音的氛围淹没了我。

只要看一眼这些书，就足以带我回到最初几年沉醉于汉语学习的生涯之中。我拿了一本厚厚的唐诗集随意翻开，阅读了一位不知名诗人所写的几行诗作。又一次地，我飞离了当下的时代。那些文字在我心中回响，文字简单朴实，但带来的感觉如此美妙！我仿佛听到了几个世纪前的声音，眼泪禁不住流淌下来。此时，我又拿起另一本诗集。相同甚至更为强烈的感觉再次涌上心头。我发现自己陷入了诗人的孤独世界中。他们的世界早已消失，但他们的文字和声音无处不在。巨大的悲伤掠过我的心头，随之我又感到恐惧。我害怕中国会因为变得不再是中国，不再有那些声音，以及那些由难以置信的勤奋、精炼、知识和文化组成的不朽精神财富！

  我用朦胧的视线扫过过道两旁的书籍。这些书籍中藏着太多心血！书中蕴含着作者多年呕心沥血和孜孜以求的成果，最重要的是充满了作者的情感。如此多的心思倾注其中，却无人问津、无人铭记。即使不去想那些来自灵魂的诗作，而只是关注这些诗作背后的探寻者、编辑者和编纂者，他们也是一座用劳动堆出的心血的高山，彰显着精神宇宙的力量。想象一下那个手中紧握着毛笔或钢笔的人！想象一下眼睛一字接一字、一行接一行、一页接一页地读着成千上万文字的情形！想象一下读过这些书的读者！想象一下当读到那些逝去已久的诗人做出的真诚告白时，眼中闪烁着的喜悦或泪水！而现在，我便是这样一个人！这些诗人都是鲜活的，因为有我在这里，翻开他们的书，倾听他们的话，与他们一同欢喜、一同哭泣。

  这就是图书馆的意义！

  我几乎无法将脚步从那条孤独的过道上移动。我甚至怀疑有人注意到我在那里。我相信没有人能想到我内心掀起了怎样的波澜。精神世界的电闪雷鸣唤起了我心中对这个图书殿堂、这个浩瀚的宇宙的热爱。我在这里驻足，一站便是一个多小时。比起时间的海洋，那仅仅是一瞬，在无边无际的永恒中，那即是虚无。

  走出图书馆，我倍感煎熬，而回到自己的房间则更是如此。我强压读书的冲动，沿着同一条过道走下楼梯，离开了图书馆。因为我决定，必须马上把这一切记录下来。

  差不多两个小时后，在我返回图书馆的路上，我注意到，那些女孩还在打牌。她们的位子甚至都没有变。

北外，2017 年 5 月 14 日

中国对我来说一直是"诗与书的王国"!

后来,我从罗村一中调到了著名的南海黄岐石门实验学校。在这里,我遇到了新的学生、新的朋友,他们就像彩色万花筒中的图案一般绚丽。让我印象深刻的是,在石门实验学校、南海区黄岐的寂寞旅居,以及在我妻子的家乡(当然也是我的家乡)生活的情形,它们在我的记忆中微微地发着光,仿佛是在秋日平静的阳光下闪烁的露珠!

后来,我受聘的第三所学校,即位于佛山南海区西樵的执信中学。这样算来,我在中国的三年时间都献给了英语教育事业。不过,在2011年,我的事业又迈出了崭新的一步。我开始将中国历史上最伟大的著作——曹雪芹的《红楼梦》翻译成保加利亚语。这是我年轻时的梦想。如今,我的梦想得以实现。2019年8月,保加利亚语版《红楼梦》的最后一卷(第4卷)由东西方(Iztok-Zapad)出版社出版。我很高兴,我的同胞们终于能看到这部伟大小说的全部章节的保加利亚语译本了。

在此,还是重点介绍一下我翻译出版《红楼梦》一书的经过吧。

2012年,我与石门实验学校签订的一年期合同到期。其实,在我转往下一个教学目的地之前,我在这所久负盛名的学校里,开启了一项新的工作,并且,在随后,这项工作极大地改变了我的生活。这项工作便是翻译《红楼梦》。正是在黄岐石门实验学校,我首次开始了对这部伟大小说的翻译。

2011年深秋,我独自住在石门,我的妻子则一个人住在保加利亚,我有了很多闲暇时光。我不愿意把时间浪费在无意义的追求上。偶然一次机会,我和我以前的大学教授索菲亚·卡塔罗娃博士取得了联系并进行了交谈。她教会了我很多东西,其中包括古典(古代)汉语和翻译。尽管是在在线网络视频的"虚拟世界"里,我们的重聚仍然十分愉快,我们花了几个小时的时间讨论我可以翻译的内容。那时,我总是回想起过去的种种,梦想着翻译许多中国经典古籍。也正是在那个秋天,在卡塔罗娃博士的帮助下,我收集了各种各样的中国古典小说和书籍,这些书籍将耗费我接下来的十年甚至更长时间。但最重要的是,在老师的鼓励和支持下,我做出了一个重要决定——把曹雪芹的小说翻译成保加利亚语。那个时候，卡塔罗娃博士刚好在与保加利亚出版商东西方出版社的柳本·科扎列夫先生合作。我曾经购买过这家出版社出版的图书，对它们留下了很好的印象。在卡塔罗娃博士的推荐下，我在中国给科扎列夫先生写了一封电子邮件，介绍了我自己。这是我们之间合作和友谊的开始，而这种合作和友谊一直持续到今天，未来还将进一步深化。

经过沟通后，我们感到相见恨晚。我迅速购买了功能强大的电脑，配备了适用的大尺寸显示器，同时，购买了好几个版本的《红楼梦》，迫不及待地开始阅读并翻译这部小说。除去备课和上课的时间，留给我的准备时间非常充裕，但现在回想起来，当时，缺乏翻译经验的我，翻译起来还有些笨拙。下面让我把时间拉回到从前，讲一下我与曹雪芹小说之间的奇妙缘分。

正如上文中提到的，在20世纪80年代末，我就已经知道《红楼梦》是一部耳熟能详的作品，并被它诗意的标题所吸引。1992年时，我也把自己要将《红楼梦》翻译成保加利亚语的梦想告诉了刘光慧教授。为了让这个梦想得以实现，我一直努力，但是也曾自我怀疑过。如果不是我已故的老师——汉语文言文教授卡塔罗娃博士鼓励我"我相信你，如果保加利亚有人能够翻译这本书，那么这个人一定是你"，我也不会有开启这项工作的勇气。

2012年初，我在佛山石门实验学校任教时，结识了柳本·科扎列夫先生。他是一位有胆识的保加利亚出版商。在认识他之前，我就知道他的出版社，因为只有他敢于出版小众的学术著作。卡塔罗娃博士将我介绍给他，表示我是一名中文学者和文学家。这为我们的文学合作和精神友谊打开了大门。获得卡塔罗娃博士和科扎列夫先生的支持后，我马不停蹄地开始了这本小说的翻译工作。2015年，《红楼梦》第1卷在保加利亚出版。如果没有卡塔罗娃博士和科扎列夫先生的支持，没有保加利亚文学界和读者给予的热诚，没有他们对保加利亚版《红楼梦》第1卷真心实意的喜爱，这可能永远都只是我年轻时的梦想，遥远且无法实现。在第 1 卷中，我倾注了无限的爱，任何人只要拿起它，一定能立刻感受到这种爱！它就像我和东西方出版社的孩子，我们最爱的孩子！

我曾多次被问及，将《红楼梦》翻译成保加利亚语的经验和具体细节。在此，我就简要地谈谈吧。

在我的一个关于文学翻译的研讨会上，我把翻译的艺术比作是跨越一条横亘于两种不同文化之间的河流。抽象地说，翻译的方式和方法就是跨越那条河流时所选择的踏脚石。对于《红楼梦》，我首先选择将曹雪芹看作一名诗人，然后再将他视为一名敏锐的小说家及中国社会和生活的观察者，从而以学者和心理学家的眼光，对他的作品进行深刻地感受和体悟。因此，我翻译这部小说的基础是拥抱曹雪芹的世界，以诗的方式展现作品的美、爱和乡愁。

在任何文学翻译中，译者都有一段进入作者世界的适应期。对此，不得不承认，在翻译前五回时，我遇到了极大的困难。对我来说，这完全是一种全新的体验，我不得不去研究巨大环境背景下的各种词汇、短语和典故，而这需要花费几个小时甚至几天的时间。当开始翻译名著时，译者需要一段时间来熟悉作者的写作技巧和风格，并学会用自己的语言去表现这些技巧和风格。一旦译者习惯了作者的思想，便会将自己的思想与作品的思想融合并遵从作者的思想，与作者形成密切联系，想作者之所想，推敲出作者在叙述之外想要表达的含义。

《红楼梦》的另一个独特之处在于其多变的文体风格。以第五回为例，这一回包含了 38 首（阕、支、篇）诗词曲赋，形成了一个小的诗词曲赋集。这一回的翻译花费了我近两个月的时间。因为翻译含有大量诗（词、曲、赋）的回目所花费的时间，要比翻译简单的对话和描述平淡生活的内容所花费的时间多得多。

我通常会将译文阅读 3 遍。第一遍翻译是最耗时的，其目的是准确地表达作者的思想。在这一阶段，我不得不忽略自己在表达上的"风格"和对"美学"的偏好。在这个层面上，如果表达之美有碍于译文的"信"，则需要舍弃。在这一点上，译者经常无法做到译文风格的完美和精致，而是必须忍受这些差距和偶尔地含糊其辞，从而仅忠于作者的想法。

我的原则是，第一遍翻译不能留下任何遗漏和含糊之处。这就是我不断参考曹雪芹研究人员和学者分析成果的原因。为此，我购买了大量的研究文献，并获取了数百本相关电子书籍和影印文章，满足了我对《红楼梦》问题产生的各种研究兴趣。对于每一章中有疑问的字、词和短语，我建了一个单独的文件夹。有时，我需要阅读更多关于一个词语、一个短语或一种文化现象的文章，以完全理解原文的含义，然后才能用保加利亚语如实地表达出来。虽然我将程乙本《红楼梦》作为基本原著，并附有裴效维的优秀注释，但在我的翻译中，有时，我也会加入程乙本《红楼梦》中没有但可以在脂评本《红楼梦》中找到的内容，并附上了这位诙谐学者的相关评论。有学者认为，脂砚斋与曹雪芹有着密切的关系，是他的遗孀，同时也是史湘云的人物原型。

除了裴教授对《红楼梦》中所有诗歌所做的精彩阐释之外，我还有一些研究分别涉及蔡义江的《红楼梦诗词曲赋鉴赏》、刘耕路的《红楼梦诗词解析》及王士超的《红楼梦诗词鉴赏辞典》。我深信，中国文化的译者应该怀着谦卑之心关注和研究中国的学者和他们的文学代表作品。这些作品反映了无与伦比的勤勉和博学。中国文化是在强大的社会和学术传统中创造出来的，这种传统崇拜文学，尤其是诗歌，崇尚语言之美及后天习得的心灵修养。

我喜欢将《红楼梦》及其他中国古典小说中的诗歌与小说主体分开翻译。在完成了正文大部分内容的翻译后，根据上下文将其中的诗歌单独翻译在每一卷的末尾处，然后再将它们放回到小说各章节中的相应位置。在翻译中国诗歌之前，我常常会心无旁骛地阅读大量经过精心挑选的保加利亚古典诗歌，以形成自己最终想要译成的特定诗歌风格。

我相信，中国古典诗歌最有趣的特点之一就是人们对它的理解绝不会千篇一律，也无法做到完全透彻，而对它们的翻译也是如此。阅读任何一部中国古典文学作品，都会受到诸多因素的影响，其中最重要的是读者的文化储备。从某种意义上说，翻译并不仅仅是通过译文来传达一种含义，而是要创造更多的发挥空间，让读者有更大的自由对作品获得独立的理解。这就是脚注的作用。我相信认真的译者永远不会试图站在作者和读者之间，而是会成为沟通作者与读者的桥梁。当你在桥上时，你不会在意脚下是什么，而只会想着你要去哪里。在我的《红楼梦》译文中，我总是喜欢传达中国研究者对这部作品的理解，而当这种理解无法通过译文表达时，我会添加脚注加以说明。

我最崇尚的是《红楼梦》里的语言。《红楼梦》中的语言丰富多彩、风格各异，有的地方是散文诗，有的地方散文与诗歌相互交融，有的地方是曹雪芹所处时代的方言，而有的地方则是古老、经典、凝练的用语。《红楼梦》的语言有时是具有高度文学性的，有时又夹杂着来自中国老百姓日常生活中的口语，甚至是粗俗语。它时而像山间溪流一般轻快，时而又像深阔的河水一样慵懒。

翻译《红楼梦》的主要困难在于，如何表达曹雪芹在小说中倾注的渊博知识。有时候，对人物服装的详细描述会让我感到烦躁。尽管如此，所有这些描述都有许多典故，而在每一个典故中，作者不仅有艺术考量，还隐含了读者匆匆一瞥时无法发现的象征意义。有些象征含义需要译者细心处理，要么保持其隐晦性，要么向读者说明。我通常以两种方式处理：有些文化名词无法翻译成保加利亚语时，我会通过音译及在脚注中进行解释来呈现。《红楼梦》中的大多数汉语名称都具有其象征意义，需要加以解释，例如中草药的名称、服饰及其组成元素、建筑术语、装饰品、珠宝等，这些在保加利亚语中并没有相对应的词汇。同时，我还在注释中囊括了需要给读者解释的其他信息，如隐藏在诗歌中的思想、历史典故和历史人物等。整个第五回都是寓言式的。在书的开头，作者提到了备选标题之一：《风月宝鉴》。标题源于警幻仙子所制的魔镜：照正面，看到的是一位美人；照背面，看到的却是一副骷髅。当这面镜子落入荒淫的贾瑞手中之时，便成为他殒命的缘由。在这种情况下，如果没有说明性的脚注，可能就无法提供足够的信息让读者来理解曹雪芹在小说外在意象中所埋藏的象征意义。另外，我认为译者不应将自己的个人解读强加于读者，除非能够在固定语境下一致性地揭示出文字符号的含义。曹雪芹在《红楼梦》中囊括的丰富知识并非都可以在脚注或尾注中进行解释，因为这会损害小说文字的和谐性。但是，我尽我所能地让读者自由地"品尝"尽可能多的"中国元素"。

也有人问过我："保加利亚语怎么样？能表达曹雪芹丰富的词汇并传达其优美的文化吗？"

在某种程度上，保加利亚语具有动态、句法、风格上的灵活性和可塑性，并且能够很完整、自然和真实地传达中国通俗小说和白话小说中的语言。我认为总体而言，中文中的对话、方言表述、措辞和谚语及中国文化习语等，用保加利亚语翻译起来比用英语更加恰当、自然。与英语甚至俄语相比，使用保加利亚语翻译中国人的口语显得更加贴切有力。也许正是因为我的母语继承了保加利亚城镇和乡村语言中丰富多彩、自然、活泼、热情洋溢、热爱生活的特质，才使得其特别适合于翻译中国的白话语言。

俄罗斯学者德米特里·利哈乔夫（Dmitry Likhachov）曾在谈及保加利亚语时写道："我希望保加利亚重回她在中世纪斯拉夫世界的领导地位。保加利亚文学语言在所有斯拉夫语言中名列其首，这不仅因其起源时间，还因其出众的美感和庄严。它和其他斯拉夫语言都不一样。其他语言丰富多彩，种类繁多，但没有一种语言像保加利亚语那样庄严，美妙，可与巴赫的音乐相媲美！如果将语言比作作曲家，那么保加利亚语则为（斯拉夫）语言中的巴赫！"

另一方面，很难用保加利亚语表达《红楼梦》中的"贵族气"——与"特尔诺沃格勒保加利亚"时期的贵族和文人阶层一样，我们已经失去了语言中的这层贵族气。这也是将曹雪芹的小说翻译成保加利亚语的一个主要难点，这种拥有那个时代的崇高诗意、高贵辉煌和时代气息的高层次中世纪语言已经遗失。保加利亚沦为奥斯曼帝国统治之后，这种保加利亚文学语言不复存在。后来，从保加利亚文艺复兴时期至今，我们一直受到涌入的土耳其语、希腊语、俄语和西方起源语言的影响。这对我们自身文学和文化传统大为不利。

每当我想把《红楼梦》中的贵族语言翻译成保加利亚语时，必须求助古老（古典）保加利亚语文学宝库，我通过教会斯拉夫语和用这种语言写的书，深深地掌握了这种语言，这种语言对我们的国家仍然至关重要。这种灿烂的教会语言在很大程度上保留了我们的高贵文化，保留了昔日的辉煌壮丽。只有借助我们古老保加利亚语的辉煌，才能恰如其分地翻译出《红楼梦》中的文言风格。这种辉煌之所以能展示中国文学的高度，正是因为它的崇高难以为一般读者所理解。所以，我认为把这种贵族式的"高"进行"平民化"是错误的，不能用曹雪芹不曾用来称呼的来自平民的语言来表达。的确，这很难，但去掉这样的贵族气会让整个中国文学史上最丰富、最优秀的小说的崇高壮丽显得扭曲、暗淡。

2019年，这个巨大的项目终于完成。在此，我想列出由东西方出版社或其他出版社出版由中文（包括文言文）译为保加利亚语（包括两本英译本）的主要译本。

- [明]佚名《三十六计》（东西方出版社，2013，第320页）
- [清]王永彬《围炉夜话》（东西方出版社，2014，第278页）
- [清]曹雪芹《红楼梦》（4卷，每卷30章）（东西方出版社，2015—2019，第2420页）
- [清]石玉昆《七侠五义》（第1—2卷，共4卷）（东西方出版社，2015—2017，第866页）
- 莫言《生死疲劳》（书信出版社，2015，第887页）
- 林语堂《吾国吾民》（东西方出版社，2015，第447页）
- 陈祈宏《一看就懂：图解中医入门》（东西方出版社，2017，第262页）
- 《中华思想文化术语》编委会《中华思想文化术语》（第1—3卷，共9卷）
- 卢海鸣《南京民国建筑》（中译英，凤凰出版传媒集团，2018，第222页）

至于我未来的翻译项目，包括但不限于以下作品：
- 《诗经》（将于 2020 年完成）
- 《七侠五义》（2021 年底完成第 3 卷和第 4 卷）
- 《陶渊明选集》
- 《李清照选集》
- 罗贯中《三国演义》
- "四书"（附保加利亚传统哲学文化评注和比较注解）
- 刘向《列女传》
- 沈复《浮生六记》
- 陈继儒《小窗幽记》

另外，我还有两个长期的翻译项目：
- 《古汉语常用字字典》（约 1000 页）
- 《现代汉语大词典》（约 4500 页），以及著名的《现代汉语词典》（第 7 版）的扩展版。

2019 年，韩裴翻译的部分作品

2017年，无疑是我翻译事业的巅峰之年，这一年，我得到了我挚爱的中国政府的最高认可，获得"中华图书特殊贡献奖"。以下是我记录下的珍贵时刻。

2017年8月，第十一届中华图书特殊贡献奖颁奖仪式现场

8月22日

这是最重要的一天，这周的重头戏。今晚将举行颁奖典礼。在200多名"中华图书特殊贡献奖"的候选人中，只有20人被提名。这是表彰对中国文化和著作的传播做出贡献的最高奖项，这对我来说是一种特殊的荣誉。

上午举行了新闻发布会，会上我受邀发言，介绍自己、自己翻译过的作品以及未来计划。

人民大会堂气势恢宏，一张照片无法展示其全貌。我见到了第十一届"中华图书特殊贡献奖"的其他提名者。他们来自世界各地，不少人满头银发，气质、学识不凡。到此我才明白，为什么尽管我已经人到中年却被归为"青年翻译家、作家及出版商"。在中国著作中游历多年,终于走到了人民大会堂。我是被提名的三名代表之一,我们很荣幸地受邀发表获奖感言。

在对仪式的每一步进行了彩排,由中国主办方进行了最后的细节处理后,我就想,大礼堂会是什么样呢?正式仪式的大门终于打开,大礼堂已经宾客满座。

一切都按计划进行:第一位发言人是来自阿尔巴尼亚的伊利亚兹·斯帕修教授,他是阿尔巴尼亚汉学家联合会主席兼翻译。随后上台的是来自西班牙格拉纳达大学的翻译家艾丽西亚·雷林克,她以谦虚好学著称,耗时六年,翻译了共3000多页的中国古代长篇小说《金瓶梅》和戏剧《牡丹亭》等。我是第三位"青年"发言人,所有发言都用中文。我很激动,因为我将在中国的杰出人士面前讲话,通过在场的记者和电视,在全体中国人民面前讲话。这听起来微不足道,但在这一切发生的时刻,它是一种难以形容、震撼而真实的体验!

以下是我演讲拙稿的翻译:

尊敬的刘延东副总理,尊敬的各位来宾,女士们,先生们:
今天,能在我从小热爱的国家获得这一殊荣,我感到非常荣幸!

尽管这一荣誉是对我付出的绵薄之力的奖励,但这一荣誉也同样属于东西方出版商、我的家人,尤其是我的祖国、我的家乡和人民——这个花园让我的才华在这里播种、呵护和成长。我想借这个特殊的时刻向他们表达我最深切的感谢!

我很幸运,能够有机会献身于这样一个时代。在这个时代,中国向世界开放其无与伦比的丰富文化,特别是通过其巧妙的"一带一路"倡议,向我的祖国开放。的确,中国代表着一种独特的文明,这种文明不是通过战争而是通过文化而得以延续。从古至今,中国的文化就在著作中书写着时代。一个国家在著作中书写的时代越多,就越能从吞噬万物的时代中得到拯救。实际上,一本关于被遗忘的保加利亚时代的著作点燃了保加利亚的民族复兴之火。记忆是永恒的礼物。书籍是通向永恒的桥梁。

在我短暂的翻译中国古典文学生涯之前,我做了很长时间的准备:从1988年,我16岁那年起,中国及其著作就成为我生命中的主要价值。我学生时期的梦想是将中国最伟大著作之一的《红楼梦》翻译成我挚爱的保加利亚语,这是我怀揣了20多年的梦想!

这个奖项是我在翻译中国著作道路上的一个宝贵里程碑。这是一条充满爱的道路,因为书就是我的世界。我未来的翻译项目包括中国古典文学作品,更长远的项目有《古汉语常用字字典》,以及更精简、丰富和完整的《现代汉语大词典》。

于我而言,在这一切中,中国和中国文化界人士对我的支持和肯定不仅是宝贵的财富,更是灵感的源泉。通过这样的奖项,我知道我对中国的爱得到了回报。

谢谢各位!

晚会按照惯例在隔壁的"小礼堂"观看了文化表演,并享用了"小吃"。

典礼结束后,夜空给北京送来了一场雨,把这座古老的城市净化了一番,在接下来的时间里,北京的天空依然蔚蓝如洗。

以下是我对本世纪中国最伟大倡议的一些感想,我从自己的日记中摘录下来,特地与亲爱的中国读者分享:

在2017年中华图书特殊贡献奖颁奖典礼上受到国务院副总理刘延东的接见。

"一带一路"倡议反映了一种新型的全球化,不是"世界村庄"的全球化,而是"村庄世界"的全球化。我希望武器支配将被文化支配所取代。而"文化"又是什么呢?文化不过是一个时代中幸免于超级大国之争的人文形象。中国自古以来,崇尚中庸和克己,我希望中国文化能让这个世界摆脱建立在优越感之上的超级思想和"理想主义"的狂热。与此同时,让人们知道:伟大也有其代价,而成为伟人则有其边界。同样,这是古代意义上的世界文明,而不是鲁迅在《狂人日记》中所说的"吃人"文明。后现代社会毫无生机,此时的文明虽然古老,但精神贫乏枯竭。相对论哲学的谬误引发了西方社会的倒退,而不幸的是,这种貌似合理的谬误也传播到远东地区。然而,经济发展并不意味着必须摒弃古老的道德原则,而在中国的传统文化中,几乎完整地传承了这些原则。我所希望的是,儒家的家庭价值观和道德标准能够逐渐治愈新罗马帝国对全世界的文化统治所造成的冲击。文化的复兴总是伴随着阅读的复兴,而不是革命的火光惊雷。中国式的文化意味着缓慢、深刻和安静的变化,这些变化源于有文化、有修养的思想和内心,而不会破坏社会秩序和价值层次。

中国拥有约5000年的历史，曾涌现出无数所向无敌的军事家与爱好和平的思想家。这里曾生活着数以亿计的农民、工匠和商人，在统治他们的帝王中，也有一些臭名昭著的皇帝。同时，这里也有奴隶主、佛教徒、文人、妓女、抗议者和政党创始人。中国的社会经济有过盛极一时，也有过急剧衰败，还有数不清的自然和人为灾难——包括经历过无数反复无常的战争。在这里，梦想曾变成现实，现实也曾沦为噩梦。此外，中国是一个多气候带国家，生活着几十个民族，在这里还产生过至少三种不同的政治制度。它是文化与文明、政治与艺术、科学与经济，以及宗教等要素的集合。今天，中国是一个14亿人口大国。懂了吗？这就是中国。

——石坤森（德国）

我的中国故事
海外学者的中国缘

幕后的汉学家：中国戏剧翻译

石坤森（德国）

石坤森，1986年出生于德国，曾在柏林、汉堡、北京和南京学习哲学和汉语。作为一名汉学家，石坤森专门从事概念史和思想史研究，目前正在汉堡大学撰写博士论文。他为许多中国戏剧作品进行了翻译，并制作了字幕。2019年，石坤森获得"中华图书特殊贡献奖"。

我的中国故事不是一个"故事"，它既不是"中国"的故事，也不是"我"的故事。

一个好的故事总有一个开头和一个结尾，但是以"中国"开头的故事永远不会完结。我也说不清楚，我的中国故事具体是从何时开始的。高中毕业后，我只知道自己想学哲学，但不能确定该选哪个专业（德国大学本科通常需要选一个主修专业和一个辅修专业）。我一直很擅长语言学习，所以我想自己可以利用大学的时间来学习另一门语言，或者说，一门亚洲语言，因为之前我所学过的语言都是印欧语系。我还依稀记得，在一次坐火车经过德国南部时，我看到一个坐在我对面的年轻人在看一本竖排印刷的书，上面的文字像是中文，也可能是日文或韩文，但肯定不是拉丁字母。这些文字对我来说就像一个神秘的剧本，我很想知道那本小书里藏着什么样的秘密。我被它所吸引，在那时候，我认为，要读懂它很难。那是我对中文最初的悸动，稚嫩而天真，但现在看来，可能正是这次际遇，让我产生了一种潜意识的冲动，促使我在几年后选择了汉学作为自己的辅修课程。

然而，当开始上中文课的时候，我发现中文比想象中的要枯燥得多。与其他语言一样，学习汉语同样需要大量的时间。除了跟着老师或磁带无休止地重复各种音节和音调的发音外，还要一遍又一遍地练习书写那些没完没了的汉字，而即便经过几个小时的练习，写出来的字仍然像是小学生的涂鸦。好的一点是，汉语语法看起来比较简单。在首次家访中，我甚至能说上几句中文，令孩子的父母惊诧不已，虽然他们并不能判断音调的对错。我认为，通过学术研究带来的知识乐趣仍然源于哲学，而哲学也是我的主修专业。

第二年，我开始学习古典儒家著作《论语》和中国历史。在哲学课和讨论课上，面对中国历史上如此多的思想大家，我的内心从恃才傲物转变为彻底的敬佩。我慢慢地意识到，到目前为止，我只听到了"故事"的一部分。无论是在高中还是在哲学课上，我对欧洲和美国以外的世界都没有太多的了解，包括中国这个已被证明的巨大历史、思想、文学和艺术宝库！想想过去，最初带我走进这个新世界的种种尝试似乎显得可笑而天真，但我仍然可以理解，为何要用过于简单的叙述来"解释"中国。要真正地了解这个巨大的宝库，需要大量的知识储备，也需要极为谦虚的态度。如今的世界提供了大量有形和无形的研究素材，所以，人们要么坚持一个简单的答案，要么学会避开大问题，而问一些聪明的问题。聪明的问题有时真的能让你学到一些东西，但是，像"儒家思想"这种能够快速、简单地解释我们所遇到的各种复杂现象的哲学理论显然更具有吸引力。这么多年来，我已经学会了把问题反过来看，避免掉进这个陷阱里。我总是问自己，我可以用"基督教思想"来解释欧洲的所有社会现象吗？或者说，这种现象符合"基督教教义"吗？一旦你开始思考某个"思想"，你可能已经走上了一条更有成效的研究道路。而且，就像我坚持不把"欧洲"作为一个整体而是做更细微的区分一样，我学到的另外一个重要教训就是，"中国"其实并不是单一的。

我的"中国故事"不是关于"中国"的，因为中国不是一个单一的综合体，而是我们在这个"标签"下所囊括的许多不同的东西。作为一名有着多年研究经验的汉学家，我偶尔也会研究清朝时期的一些历史。从种族上而言，满族人并不是汉人，但他们仍然喜欢孔子。而孔子只知道一个叫"周"的封建国家，从来没有听说过"中国"。人们今天所说的汉语，他或许一句也听不懂。当然，汉语只是一个过于简化的说法，因为汉语语系下有几百种语言，这些语言大多不相通，而汉语语系所属的汉藏语系则由更加繁杂的语言组成。中国拥有约5000年的历史，曾涌现出无数所向无敌的军事家与爱好和平的思想家。这里曾生活着数以亿计的农民、工匠和商人，在统治他们的帝王中，也有一些臭名昭著的皇帝。同时，这里也有奴隶主、佛教徒、文人、妓女、抗议者和政党创始人。中国的社会经济有过盛极一时，也有过急剧衰败，还有数不清的自然和人为灾难——包括经历过无数反复无常的战争。在这里，梦想曾变成现实，现实也曾沦为噩梦。此外，中国是一个多气候带国家，生活着几十个民族，在这里还产生过至少三种不同的政治制度。它是文化与文明、政治与艺术、科学与经济，以及宗教等要素的集合。今天，中国是一个14亿人口大国。懂了吗？这就是中国。

虽然原话我已记不太清，但这些都是我的大学老师从上课第一天起就告诉我的内容。但说实话，直到我第一次去中国旅行，我才真正明白这些话的意思。大学二年级的时候，我进入香港和广州的暑期学校实习，在那里，我才真正感受到中国的"大"。在香港广阔的天际线面前，古老的欧洲显得如此渺小！同时，与中国人实实在在交谈的话语与课本中学习的语言有着天壤之别！

当然，这样说并不是特别有独创性，但这是事实。亲身经历与从课本所学的知识确有不同。这些年来，我结识了一些中国朋友，这不仅让我的生活变得更加丰富，也让我对他们的祖国有了更多的了解，对中国有了更深入的认识。我想，如果有更多的人能拥有和我相同的这些经历，那么许多关于中国和中国人的荒诞漫画和有害的刻板认知将不再那么盛行。因此，尽管我在写下这篇文章时，正值人为原因造成气候变化和"新冠疫情"

的特殊时期，但我仍然希望人们能够继续旅行，拉近与世界的距离，但要选择更加环保的旅行方式，减小对自然环境和人类健康的危害。建立和维持人与人之间的交流实在太重要了，我想不出来还有什么比封锁我们的国家更不利于相互理解与合作的了。

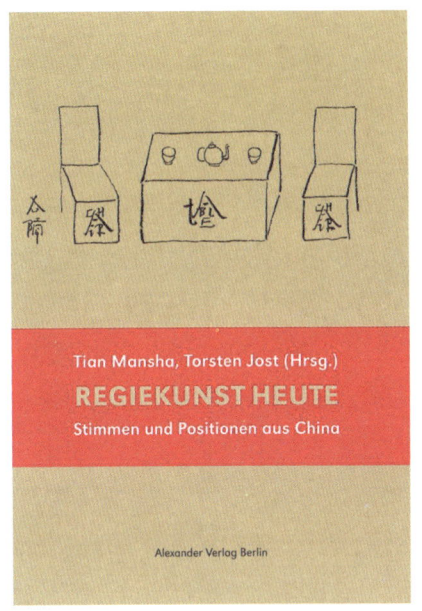

石坤森的译作

影响人物：我的学术老师

在我眼中，我的学术老师和我的中国朋友一样重要，甚至更为重要。在多年的学习生涯中，我有幸能够向优秀的汉学家学习，后来我才知道，从他们那里学到了太多宝贵的知识。一直以来，学习并不在于具体的内容，而在于老师对这些内容的处理和呈现以及他所坚持的理论和体现的态度与价值观。如果说"我的中国故事"并不是我的故事，那主要是因为，我之所以能提出一些关于中国的聪明问题是因为得益于我的老师。我所珍视的老师有很多，无法一一介绍，但我仍想谈谈其中的三位。

认识司徒汉（Hans Stumpfeldt）老师的时候，他已经正式退休，但他仍然在大学里忙里忙外，为学生提供指导。2011年，林兆华先生带着一部中国戏剧来到汉堡，邀请司徒汉老师向观众介绍这部戏剧的历史背景。我大胆地请司徒汉老师看了一下我的翻译，并帮我讲解一些比较难的段落。他非常耐心地为我讲解，并叮嘱我要注意那些被我忽视了的大量重要细节和微妙之处。即便是这样简短的接触，我也能深刻领略到他深厚的语言功底和极强的语感以及翻译能力。我非常感激能有机会遇见他，当然，也非常感谢他在关键时刻给予我的帮助。

卡伊·福格尔桑（Kai Vogelsang）老师是司徒汉老师的学生，他不仅继承并弘扬了传统的汉学研究，而且发展了新的理论方法，为汉学适应新世纪的发展做出了巨大贡献。我们同样都读了几十年的中国通史，他却敢于写一部新的《中国历史》（《中国历史》第一版于2012年出版）。这本书在原有的叙述方式上做了重大创新，文风优雅，不仅能吸引普通读者，也让专业读者爱不释手。它的特别之处在于，它将中国社会结构的变化与思想发展联系起来，没有落入简单因果关系的俗套。福格尔桑之所以能写出这本书，是因为他没有将自己局限在外人无法理解的狭隘汉学语言世界里，而是试图从更系统化的研究领域借鉴相关理论和分析概念，运用到对中国历史的研究中。

卡伊·福格尔桑认为，汉学家需要找到与历史学家、社会学家和哲学家共同的探讨基础。他的同事托马斯·弗罗里希（Thomas Fröhlich）也有同样的观点。弗罗里希在政治理论和哲学领域颇有研究。虽然很多人抱怨中国的思想家不被西方主导的哲学世界所重视，但他们往往只是停留于口头而没有实际行动。弗洛里希却付诸行动，让这些人参与到严肃的哲学对话中来。例如，他对唐君毅的思想进行了十多年的探索研究，著有《唐君毅：儒家哲学与现代性哲学的挑战》一书。一位学者评论道："这部著作不仅仅是一种叙述性的汉学研究，更是一部有价值的哲学著作。"这是包括我在内的许多人所渴望创作的作品，但只有极少数人有能力和耐心去完成。

我还想提到另一个人，不仅是因为她拥有出色的翻译才能、广博的中国文学专业知识和数十年的汉语教学经验，也是因为她在中外交流和调解方面的不懈努力。她就是露丝·克瑞梅瑞斯（Ruth Cremerius）老师。多年来，她一直在汉堡大学中国语言和文化学院任教，并一直致力于让汉学专业学生参与和中国相关的各种文化、经济项目。通过这些项目，许多学生获得了他们人生中的第一份工作经验，有的甚至就此开启了自己的职业生涯。虽然表面上看不出来，但露丝的工作改变了许多人的生活，甚至和许多曝光度更高的项目一样，为中德关系做出了巨大贡献。我可能就是最好的例子。2010年，她推荐我去汉堡孔子学院做一个小的翻译项目。我和一位中国同事一起，翻译整理了上海世博会德国馆许愿树上挂着的几百张中国游客手写的许愿卡，并将它们展示给参加汉堡"中国时代"活动的德国游客。顺利完成这个项目后，我赢得了孔子学院负责人的信任。随后，他为我推荐了一个更大的项目，为我打开了中国戏剧世界的大门。所以，在我的中国故事里，与中国戏剧的缘起再清晰不过了，而我永远也不会忘记，这一切都开始于露丝。

难得的机会：2011年以前的中国剧团

2010年，我接到的第二个翻译任务是翻译剧本《说客》，林兆华导演在第二年把这个戏剧带到了汉堡。对于一个年轻的本科生来说，这是一项激动人心的任务，尽管当时我还不完全了解林兆华是谁，也不清楚我所翻译的是如此伟大的戏剧作品。在我们这一代人成长的世界里，不断加深与中国的关系几乎成了常态，所以我没有意识到这个机会有多特别。事实上，在此之前，中国剧团很少在德国演出。

1955年，上海的一个剧团把《西厢记》带到了东柏林；直到1972年，联邦德国才取消针对中国的剧团在德演出的禁令。1979年，在汉堡"国家戏剧节"（现在的"世界戏剧节"）上举办了一场京剧演出，这可能是中国大陆剧团第一次在联邦德国亮相。第二年，北京人民艺术剧院把著名戏剧

《茶馆》带到了汉堡。此外，中国戏剧也以其他方式进入人们的视野。例如，1983年，汉堡大学汉学家贝恩德·艾伯斯坦（Bernd Eberstein）便出版了著作《20世纪中国戏剧史》。

也许正是在这样的启发下，汉堡最重要的剧院之一——塔利亚剧院加强了与中国的联系，并发展成为德国最重要的中国戏剧中心。1988年，塔利亚剧院邀请了自中国改革开放以来中国最著名的戏剧导演之一的林兆华先生与德国演员合作，为观众呈现了精彩纷呈的话剧《野人》。20世纪90年代初，人们对戏剧的热情明显消退，此时，汉堡大学的汉学家们又给戏剧交流注入了新的动力。1995年，汉堡大学的学生翻译了沙叶新的《东京的月亮》，并说服塔利亚剧院邀请上海人民艺术剧院来德演出。1998年，塔利亚剧院也在香港举行了在中国的首场演出。

我的第一次戏剧字幕翻译：林兆华在塔利亚剧院

在21世纪的头一个10年里，戏剧交流险些被人们遗忘。当塔利亚剧院在2010年建立自己的国际戏剧节时，他们想到了先前与中国的合作，认为邀请林兆华导演是再合适不过的了。他不仅是中国当代戏剧界的领军人物之一，还与汉堡戏剧界有过一段合作。我不知道是谁选择了《说客》作为演出剧目（很可能是林兆华导演自己），但我记得当自己开始读徐瑛写的剧本时，心中有些忐忑不安。这个剧本讲述的是孔子的弟子子贡和子路被派去拯救孔子的祖国——鲁国，以使其免遭周边大国攻占的故事。剧本中不仅抛出了有趣的道德问题，将子贡的智慧与子路的率直进行了对比，还引用了包括《诗经》等在内的儒家典籍及公元前500年左右的中国历史典故。尽管这些典故和引语的使用常常极具讽刺意味，但作品仍不失沉重、严肃且充满悬念，给人以启发。当然，作为一名汉学学生，我很乐意去追溯这些典故，去思考这部戏剧作品是如何呈现这些受后人尊敬的历史人物的，以及它对当下人们想表达的是什么。但要为从未听说过子贡、子路、战国和《诗经》的德国观众翻译这个剧本，我感到异常紧张。在大学里，我学会了如何写学术论文，我可以把所有必要的解释都放在脚注里。但当时，我要为现场戏剧表演进行翻译，台下的观众没有时间去读任何脚注！

  我可以感受到，紧张的人不止我一个。这场演出对塔利亚剧院而言也是一个相当大的风险。中国导演、演员和技术人员访德的机票费用，加上将舞台布景、服装和全部其他所需物品空运至汉堡的费用，是一笔巨大的花销。而要收回成本，只能靠两场演出，所以，演出必须成功！此外，《说客》并非中国传统戏剧。传统戏剧虽然同样很难翻译，但是至少可以靠特色服饰、面具、音乐和杂技给外国观众留下深刻的印象。但是，林兆华的《说客》是真正的话剧，在很大程度上依赖演员的独白和对话。虽说林兆华请来了濮存昕、高亚麟这样的实力派演员，但如果德国观众没能通过字幕翻译理解台词，那么演出基本上也就丧失了吸引力。而他们在中国的人气也不一定有助于提高在德国的门票销量。没人能确定，是否有足够多的汉堡观众愿意看一场由中国剧院用汉语演绎的一段遥远的中国历史。

2013 年，与濮存昕合影留念

2013 年，汉堡，石坤森与林兆华、濮存昕一起参加活动

我当初在接受这项翻译任务时完全忽略了这些问题，随着这些问题日益凸显，我的压力也越来越大。但是，这次演出的重要性也激励着我努力工作，如果这只是大学里的翻译项目，我可能永远也不会下如此大的功夫。我调用了自己在学习中获得的所有资源，资源不够用时，我还会去寻求一些新的帮助。正如我已经提到的，我得到了司徒汉老师的大力支持，并向一些中国朋友请教了有关问题，同时也独自在图书馆进行了大量查阅。当我最终译完这个剧本时，我长吁了一口气，但我的工作远没有结束。剧院方面告诉我说，他们不仅需要剧本的翻译，还需要按照预先设定的格式准备字幕。需要有人根据字幕来调整剧本，当然，也需要有人在现场表演过程中，适时进行字幕展示。而这个人只能是我。毕竟，我已经事先了解了剧本，同时比其他人都更懂翻译，而且还懂中文。因此，他们给了我一段彩排录像，让我准备字幕。

这项工作给我带来了全新的问题。在翻译剧本时，我的重点是在准确性和可理解性之间寻找平衡，同时尽量保留原作的一些语言特色。对于需要部分文化背景知识才能理解的地方，我可以添加一些解释来加以说明。举个简单的例子，中国人通常都能理解剧中"卧薪尝胆"的意思，甚至知道它出自越王勾践为父报仇的故事。然而，把这个词语直接翻译成德语并没有多大意义，所以我必须说明它是一个关于复仇的典故。当然，也需要对剧中出现的越王勾践稍加说明，同时，又不能出现太多读者可能容易混淆的名字。对于读者而言，他们可能不知道这些名字如何具体发音，因此记起来也有难度。

对于字幕来说，由于严格的技术性要求、剧本大小和单张幻灯片的字数限制，这些问题变得更加复杂。别说增加解释，剧院反而要求我缩短句子，也就是需要删减一些必要的信息。此外，大家都担心观众因为忙着读字幕，而忽略了看舞台表演，这就意味着我要进一步简化字幕，使观众能够快速阅读。而当我开始用第一版字幕来匹配彩排视频时，我发现不同场景的节奏非常不同。有时演员说话缓慢而清晰，因此观众很容易跟上字幕；但有些时候，对话进行得非常快，播放字幕的时间非常短，甚至会有杂乱的声音。字幕要尽可能紧密地跟随表演的节奏，否则各种紧张、欢乐或惊喜的时刻都会严重失真。在《说客》中，有一个场景是，长长的彩色旗帜倒在地上，象征着一些国家的覆灭。为了让人获得印象深刻的视觉效果，场景的舞台设计相当简单和幽暗。但是，要想达到预期的效果，就必须在非常精确的时间点扔下彩旗；如果错过了这个时间点，就无法达到场景的效果。字幕就像那些彩旗，它们必须在正确的时间投放，否则场景就达不到效果。但不同的是，彩旗在整个表演中只出现一次，而几乎每一个场景都有很多的字幕。

最大的考验是第一次演出前一天下午的彩排。能够参观大剧院的幕后、结识中国导演和他的演员并了解大制作所需的各种前期准备工作，令我兴奋不已，暂时忘记了紧张。但很快，紧张的情绪又卷土重来，排练过程并不像我所料想的那样完整和连续，而是有很多中断。我坐在灯光和音响技术人员旁边，在舞台对面礼堂顶层后面的一个小房间里，努力让我前期准备的字幕跟得上排练的节奏。但是，除了让人难以把握整体节奏的各种中断外，演出似乎还有一些变化。的确如此，排练结束后，导演助理告诉我，剧组对原剧本做了一些修改，我需要把修改的内容加到字幕中，再加上我自己在排练时根据第一次看到的礼堂屏幕上的字幕而做的一些笔记，我发现，有些字幕还是太长或者格式不正确，因此，还有很多需要修改的地方。其后，我一直待在小房间里工作，直到演出快要开始。

直到最后一刻，我才想起司徒汉老师要在剧院一个小一点的侧礼堂里给大家介绍这部话剧的历史背景，于是我赶过去听他的演讲。尽管当时我试着赶过去，但是后台的小走廊像迷宫一样，我辨不清方向，最后没能找到礼堂，而是来到了员工食堂。我走得上气不接下气，不敢向工作人员求助，只好从一个侧门出了剧院，希望能从正门进去。幸运的是，我说我是剧组人员时，正门的工作人员相信了我。当我终于来到侧礼堂时，司徒汉老师已经开始了他的演讲。然而，最让我惊讶的并不是他的演讲，而是诺大的礼堂里挤满了人，甚至连个站脚的地方都找不到！尽管我和塔利亚剧院的经理们都很担心，但显然汉堡有很多人对中国古代历史和中国戏剧导演的作品很感兴趣！

　　司徒汉老师演讲结束时，距离演出开始只有半个小时。我试着尽快回到控制室（这次我学聪明了，让工作人员带我过去），并试图让自己平静下来。但是我根本无法平静，我发现主礼堂没有一个空位，座无虚席！我也看到了很多中国观众的面孔。不知为何，我从来没有想过汉堡居然有这么多中国人，而且其中很多人都认识林兆华和濮存昕，令我感到惊讶。对塔利亚剧院来说，能吸引这么多人来参加戏剧节，是一个巨大的成功，却给我带来了困扰。他们大多数人不仅能听懂中文，还能说一口流利的德语，所以，如果字幕在时间上有任何差错或失误，他们很快就能发现。

　　幸运的是，礼堂的灯光很快就暗了下来，演出开始了。我的手微微颤抖，但当我第一次按下投影字幕的按钮后，便没有时间去顾虑其他的了。我全神贯注地听着舞台演员的对话，播放相应的字幕，没人说话的时候，我就把屏幕调暗。出乎意料的是，我甚至开始喜欢上了这项工作。我从来没有如此投入地观看过一部戏剧。因为我知道，后面所有的剧情，必须要专注于表演中的每一个小细节和时间点，以及当演员忘记准确的台词时（但并不是经常发生）剧本中的细小变化。与此同时，我从来没有像这样关注过观众的反应。毕竟，在过去的几个月里，我的工作都是为了服务观众。我一直在想，他们能理解这个故事吗？他们会在正确的时间被剧中的笑话逗笑吗？我知道，这些并不是我一个人可以决定的。尽管如此，我还是觉得自己对演出的成功负有很大的责任，希望观众喜欢它。显然，观众的确很喜欢！当漂亮的西施为国王献歌献舞时，我能感觉到观众屏住了呼吸；当隐士唱起滑稽的歌曲（两首歌均出自《诗经》，维克多·冯·斯特劳在19世纪已给出了精美的译文）时，我能听到他们开怀的笑声；当孔子的弟子面临道德困境时，我能看到他们沉思的面容。这种特殊的观演联系只有当演员和观众共处一室，感受到彼此的存在和即时反应时才能得以建立，而这种联系也正是剧院演出所创造出的魔力，就在这个礼堂中表现得真真切切！

　　看到字幕似乎并没有影响观众完全投入地观看舞台上的表演，我感到无比的欣慰和高兴。中国观众和德国观众的反应时间略有差异，因为与直接理解讲话内容相比，处理书面字幕需要多花几秒钟的时间，但这种差异小到不会打扰任何人。甚至那些奇怪的国家名称和国王名字，以及德国观众不熟悉的礼仪和典故，似乎也没有引起多大的问题；如果说有什么影响的话，那就是德国观众似乎因为无法当即理解这些礼仪和典故，反而被话剧所深深吸引。

这一点在表演结束后的招待会的问答环节中也表现得很明显。德国观众和中国观众都为演员和导演送上了热烈的掌声，说了许多祝贺的话，同时还提了许多关于这部戏细节上的问题。林兆华不负众望，给出了相当简短并且颇具诙谐意味的回答，但这似乎使他更受观众欢迎。濮存昕的发言也引起了很多笑声。尽管政府代表们的发言有点儿冠冕堂皇，但也并非一种僵硬的文化外交行为，而是让我们真正有机会在德国舞台上感受到中国最优秀戏剧艺术家们的风采。观众对此当然也十分感激。

汉堡刮起的中国戏剧风

2011年，演出《说客》取得的巨大成功开启了中德两国前所未有的戏剧交流浪潮。在2011年之前的60年里，中国剧团在汉堡舞台上只演出过3次，但在之后的8年里，至少有10场不同的中国戏剧在汉堡上演！

这不仅是因为经济和政治条件比以前更加有利，还因为中国驻德国大使馆文化参赞陈平是位戏剧爱好者。我不清楚他在幕后做了多少工作，但当我认识他时，他已经在中德戏剧界建立了一个令人难以置信的戏剧网络，并通过它以各种可能的方式为两国戏剧交流提供支持。此外，他还主导编辑了包含多个中国戏剧的德文版合集——《中国当代戏剧》（*Mittendrin - Neue Theaterstücke aus China*），并于2015年出版发行。他非常友好地邀请我翻译了郭士兴导演的两部戏和廖一梅的一部戏。

《说客》在德国上演仅一年后，中国就成了德国北部最大古典音乐盛典"德国石荷州音乐节"（Schleswig-Holstein Musik Festival）的主宾国。

我帮中国戏曲学院翻译了实验性戏曲《还魂三叠》及一部陕西皮影戏。《还魂三叠》很有趣，但翻译起来也颇具挑战性。它把来自中国的三个不同传统叙事和音乐风格的戏曲中的三位著名女性人物放在同一个舞台上，她们分别是《牡丹亭》里的杜丽娘（昆曲伴奏）、《红梅记》里的李慧娘（京剧）和《水浒传》里的阎惜娇（越剧配乐）。它的剧本和作曲非常有思想性，大部分是根据明代的原创作品编写的。所以，与林兆华的话剧相比，《还魂三叠》不仅以音乐剧代替了口语剧，而且语言风格也完全不同。如果不是我在读本科的时候学了两年的文言文，我不可能完成这个翻译项目。

不过，这次翻译也为与石荷州音乐节相关的第三个项目做了很好的准备，这第三个项目给的翻译时间很短。中国国家京剧院想在塔利亚剧院演出京剧《野猪林》，但他们当时仍在找人修改已有的译本并在现场表演时投放字幕。显然，我已在这方面的工作中树立了良好的专业口碑，所以，当时我也参与了这个项目。接下来的几年里，我一直在做剧本字幕翻译。

2013年，塔利亚剧院再次邀请到了林兆华。这次他带来了话剧《刺客》，这部剧作也得到了观众的好评。《说客》和《刺客》是徐瑛"春秋三部曲"当中的两部，所以如果第三部也能在汉堡上演就好了。但是，当塔利亚剧院想要继续邀请中国演员的时候，他们想要寻找新的面孔。

他们选定了中国当代戏剧界的另一位标志性人物孟京辉，他也一直很喜欢德国戏剧和电影。他曾经写道，20世纪80年代末和90年代初，他在北京中央戏剧学院学习期间，经常翻阅一本德国戏剧杂志。当然，他看不懂内容，但杂志中的图片可以给他带来灵感。2014年，他迎来了用自己作品打动德国观众的机会。他把《活着》带到了汉堡和柏林。这部话剧改编自余华的小说，由著名戏剧和电影明星黄渤和袁泉主演。他们自然吸引了不少当地的华裔观众，但观众仍然以德国人为主。这次，塔利亚剧院在大礼堂的两晚中国话剧演出又一次吸引了众多热情的观众。对于此次演出，一位平时比较保守的汉学教授也承认自己"深受触动"。

在后台，孟京辉与林兆华一样友善、踏实，但也充满了活力。林兆华让我想到年老而充满智慧的道长，孟京辉则保留了年轻人身上的许多叛逆精神。总之，在排练的过程中，他不停地切换场景，让我很难对上字幕。这部话剧很长，有很多台词，所以我必须记录 1,000 多张幻灯片。幸运的是，他那些年轻而又非常友好的助手给了我所需要的一切帮助。如果真的能通过一个人周围的人来判断他的性格，那么，孟京辉一定是个很好的人。黄渤在演员中似乎也有一种天生的号召力，尽管在剧院和饭店外面总是有等待他的关注者，但他从来不装腔作势。袁泉也非常谦虚友好。

同年，另一个中国剧团在黄盈的带领下携《黄粱一梦》亮相汉堡。这是第一次由私人公司将中国戏剧带到汉堡，但由于当时没有在戏剧节上进行宣传，而是选择在一个小剧院演出，所以很遗憾，观众人数没有达到理想的效果。

2015 年，孟京辉带着话剧《琥珀》重返汉堡，这部作品的原创作者是他的妻子。这一次，我也利用这个机会，在露丝·克瑞梅瑞斯老师的大力支持下，组织汉学学生召开了一场关于孟京辉和话剧《琥珀》的学术研讨会。这次活动不仅有趣，而且对翻译工作也有很大的帮助，我们还在网站上公布了我们的讨论成果，方便德国观众了解。孟京辉这次到汉堡后不久，我就离开了汉堡，去南京大学学习了一个学期，因此，我也错过了汉堡的另一场话剧——《茶馆》的演出。尽管如此，我仍在继续翻译中

2015 年，石坤森在瑞士苏黎世剧院为《琥珀》制作字幕

国戏剧，只是这次不是字幕翻译，而是翻译前面提到过的陈平的著作。

在南京大学学习期间，塔利亚剧院邀请我将他们即将在天津上演的话剧——《前线》(Front) 翻译成中文。这是他们第一次要求我把戏剧从德

语翻译成汉语，但是，我的中文明显还没有达到那种程度。我能做的就是找一位能胜任此项工作的中文译者，帮助塔利亚剧院方理解原文，检查译文中的错误，并将译文制作成戏剧字幕。结果，这位译者做得非常好，唯一的遗憾是我不能到天津和塔利亚剧院的人一起参加演出，因为我必须回汉堡完成我的硕士学业。

乌镇的精彩戏剧之旅

第二年，我有幸加入柏林人民剧院弗兰克·卡斯多夫（Frank Castorf）导演所在的剧团，准备在乌镇国际戏剧节上演出话剧《赌徒》。我再次组织和指导了中文翻译工作，负责现场演出的字幕投放。我知道，这会是一项艰巨的任务，因为这部话剧比我以前翻译过的任何话剧都要长，整场演出时间足足四个半小时！尽管我已经准备好迎接挑战，但乌镇的疯狂还是让我措手不及。这个有着美丽传统建筑的小水乡平日里就吸引着大量的游客，在戏剧节期间，更是涌入了大批来自中国和世界各地的戏剧演员、导演、技术人员和制作人，热闹的演出、表演和狂欢几乎昼夜不停。整个戏剧节让人感觉如此的超现实，以至于很快便难以将戏剧与现实生活区分开来。一切都变成了一场表演，而每一场表演都为现实注入了魔力。乌镇真的堪称奇幻戏剧的天堂！

应该说，我在乌镇的经历，主要是和柏林人民剧院一群既可爱又疯狂的演员和剧组人员在一起。他们喜欢喝烈酒，因此，出现过各种滑稽的状况。虽然戏剧节主办方安排了一些中国志愿者来配合德国剧团的工作，但当面对剧团人员因为乌镇的特殊氛围而有了愈加奇怪的生活方式和行为举止时，这些志愿者也有些不知所措。所以，我试图帮助剧组人员在混乱中尽量保持一定的秩序。因此，在乌镇期间，我基本上都和他们住在一起。每天解决数不清的，如演员迷路了、丢东西了、找不到舞台、需要搭建舞台、介绍美食、供应烟酒等问题。

在首场公演的前一天早上，一位女演员突然病得很重，似乎失声了。像电影里的情节一样，我们找来一位医生，他穿着白大褂，脖子上挂着个立体镜。他很年轻，显然是被眼前漂亮的外国女演员吓住了，当他给她量体温时，我能看到他的手在颤抖。当我询问病情时，女演员绝望地看着他的眼睛，助理导演紧张地走来走去，他咕哝了几句很难理解的话，我只听懂了"医院"两个字。当我把他带出房间，再次询问他的时候，他说他的温度计坏了，根本就没有量出体温。我送走了医生，心怀感激地接受了酒店经理的建议，准备了一碗汤，酒店经理说，"这可能会让那位女演员感觉舒服一些"。我们告诉她，这是一种有医学功效的传统中式汤，是按医生的建议熬制的，医生认为她没有什么大问题。喝了汤后，她立刻就感觉好多了，下午又要了一些汤喝，晚上进行表演，好像什么都没发生过一样。但是，演出开始前不久，医生又来了，穿着便服，带来一个正常的体温计。我谢过他，但是要求他不要再去见那位女演员了。

经历了一天的事情，到了晚上演出的时候，我已经非常兴奋，以至于面对将要第一次投放中文字幕而不是德文字幕时，我都觉得没什么大不了的，至少，我自认为是这样，直到舞台控制人员的控制面板上闪出火花，字幕屏熄灭。此时，演员们并没有觉察到，而在继续演出，直到观众席开始骚动，他们才停止了表演。亚历山大·吉尔（Alexander Scheer）是我们的主演之一，在这次意外中表现出了极高的娱乐天赋。他最先发现有些不对劲，尽管他一句中文也不会说，但演出意外中断后，他还是设法用一些即兴笑话来逗乐观众。幸运的是，这段小插曲没有伤到任何人，字幕很快恢复了，它就像是表演的一部分，也像是乌镇盛大表演的一部分。

"小剧场"：汉堡的中国实验戏剧

自从我开始做字幕翻译以来，几乎所有在汉堡的中国戏剧演出都是由知名导演执导的大型作品。但是，在中国，一些最令人激动的戏剧体验只有在所谓的"小剧场"中才能获得。小剧场几乎已经成了更新颖、更前卫戏剧的代名词，这种戏剧很少能在大剧院里看到。当然，汉堡的几次小剧场演出让当地的戏剧爱好者有幸领略到了小剧场的魅力。

2016 年，喻荣军收到《乌合之众》的演出邀请。这部剧作也是一部向德国观众展现中国近现代动荡历史的话剧，但与《活着》不同的是，它的故事年代背景始于 20 世纪下半叶，而且几乎一直贯穿到现在。该剧在塔利亚剧院位于汉堡西部市中心外的自有"小剧场"上演。在这里，舞台空间缩小了，观众与舞台的距离也更近，通过巧妙的灯光布置，营造出一种非常亲密和浓烈的氛围。观众都很兴奋。同时，当地一家专门出版戏剧剧本的出版商也非常喜欢这部话剧，并买下了它的德语译本的版权。

2017 年，对于汉堡的戏剧爱好者来说是具有特殊意义的一年，因为大型国际戏剧节"世界戏剧节"再次在德国举办。28 年前，正是在世界戏剧节上，第一个中国剧团应邀来到汉堡，并在整个联邦德国进行了演出。今年的戏剧节甚至推出了两部中国作品，一部是陈天灼执导的大型音乐剧《自在天》，另一部是"纸老虎"戏剧工作室创作并加入大量舞蹈元素的小剧场实验话剧《500 米》。我为第二部作品做了字幕翻译。事实上，我真的很喜欢这个剧组，他们由一群来自中国和世界各地的舞者、演员和业

2017 年，汉堡，石坤森与田戈兵一同在舞台上

余爱好者组成，导演是田戈兵。《500米》的灵感来自卡夫卡的短篇小说《中国长城》，反思了大型建设工程带来的影响，以及完成这些工程所需要的力量。演出者并非只是在讲故事，而是将台词、图片、声音和肢体动作巧妙地结合在一起，从不同的角度和观点来阐述这个话题。不同的元素、不同的场景组成了同一个极具说服力的整体。其中特别有意思的是，他们真的把"生物政治学"这个抽象概念表现得相当具体，这种由无形社会力量带来影响的具体且形象化的表达能力令我印象深刻。

2017年，中德建交45周年，两国举办了庆祝活动，其中包括演出一场特别的实验戏剧。德国戏剧导演安娜·佩施克（Anna Peschke）与中国国家京剧院合作，推出了歌德话剧《浮士德》的京剧版。中国演员对翻译进行了调整，以适应京剧的韵律，因此，我必须再做一次有趣的重译工作。我希望它听起来仍然像歌德，但同时又能表现出剧本修改后的不同。歌德无法再对我的译制版加以评价，对我来说，这也许是件值得庆幸的事情。

在"新冠病毒"大流行之前，我们在汉堡看到的最后一部中国话剧是改编自鲁迅所著的《阿Q正传》的《人生天地间》。2018年，这部话剧由演员兼导演的苏小刚在德国演出。作为原导演刘立滨构思的一部独角戏，《人生天地间》对演员的要求很高，但是苏小刚游刃有余。他凭借精彩的表演及对节奏和时机的完美把握，征服了观众，令人对这种极具特色的戏剧体验意犹未尽。

翻译来自中国戏剧导演的声音

尽管在戏剧字幕翻译中，我必须用到大学所学的技能，但是我一直认为戏剧翻译与我的学术研究是两回事。它为我提供了一种接触中国人和中国文化的方式，这与通常的学术研究截然不同，我只是太喜欢戏剧翻译了，所以才将它和学术研究紧密地结合在一起。但是，当我参与了柏林自由大学"交织表演文化"国际研究中心的工作后，我的这种观念发生了转变。

多年来，研究中心一直在邀请中国的戏剧表演家和理论家进行交流，希望更多了解他们的工作和戏剧构思方式,以及他们与世界的交流互动。2017年,著名川剧表演艺术家、上海戏剧学院教师、研究中心研究员田蔓莎提议编写一本书,用中国当代戏剧导演自己的声音向德国读者介绍中国当代戏剧导演。实际上,这也是第一本这种类型的书。这个提议得到了上海戏剧学院的赞赏和支持。因此,田蔓莎邀请了12位中国导演参与这本书的编写。她还与该研究中心的主要研究员之一托斯滕·约斯特(Torsten Jost)一起,到中国各地对这些导演进行采访,我则是在后期加入的,负责把所有整理好的内容翻译成德语。

这些中国导演有着不同的背景,包括年龄、学历和所在的戏剧制作公司(有些导演是独立导演,没有加入任何戏剧制作公司)。他们有的从事的是戏曲,有的则主攻话剧,而有的则精于戏曲与话剧相结合的实验戏剧,还有的则想要创造完全不同的戏剧形式。他们所写的介绍文章和他们的背景一样有着天壤之别。但是,我不经意发现,他们大多使用了非常相似的词汇,使用了一些不容易翻译的词语。这些词语,比如"写意"或"空灵"等似乎完全只存于中文中,是一种纯粹的中国文化。这不仅是一个有趣的翻译问题,也让我对这些极为特殊的戏剧用语的来源感到好奇。当然,这种兴趣部分来自我对概念史的学术研究,因此,我最终放弃了将戏剧翻译与我的学术研究严格区分开来。事实上,我已经开始在大学里办一些与戏剧有关的讲座,学生们对此都十分感兴趣。同时,我还撰写了一些关于这个主题的学术文章,有望不久后能出版。

在柏林研究中心,我和托斯滕·约斯特进行了富有成果的探讨,并提出了许多待解决的问题。我们的合作时间比当初计划的要长,因为事实证明,我们不仅要翻译文章,还要翻译很多采访的录音材料。虽然采访现场一直都有口译,但即席翻译丢失的信息太多了,所以我们几乎把所有的磁带都听了一遍,重新修改了录音稿。我们在这本书中投入了大量的精力,但这些付出是值得的。2018年出版的《当代中国导演观点》(Regiekunst heute - Stimmen und Positionen aus China)一书,捕捉到了当代中国戏剧界一些最具影响力导演的真实声音——他们用自己的语言来阐释自己的作品。这本书完美地补充了中国剧团的客场演出场景，以及德国近年来出版的与中国当代戏剧有关的书籍。

"新冠疫情"给世界剧院带来了沉重打击，几乎所有国际交流活动都停止了。因此，我们在过去 10 年里，在德国舞台上看到的大量中国戏剧演出也显得更加意义非凡。我很高兴能在其间许多演出的幕后贡献自己的力量，希望我们今后还能继续看到这样的演出。

在这里，我还不想给我的故事写上最后的结尾。

在罗马尼亚有这样一个说法："星期天出生的人一生都会很幸运。"我不知道这句话背后的含义，但我认为自己确实是十分幸运的，因为我遇见了中华文明，并获得了来之不易的学习汉语的机会。我的故事就是从这里开始的！

我于1931年5月份的最后一个星期日，即5月31日，出生在喀尔巴阡（Carpathians）山脉弗格拉什山（Fagaras Mountains）脚下的锡比乌（Sibiu）城。这里曾历经动荡，是达契亚文明和罗马尼亚的摇篮。自12世纪以来，不断有其他民族定居罗马尼亚，而罗马尼亚文明也在这些外来文化的影响下，不断丰富和发展。在我成长的小镇的各个角落，遍布了中世纪的记忆，多元化的社会包含着浓厚的历史印记。这里既有辛勤劳作且追求完美的工匠，又有极富创新意识的学者，还有献身于崇高使命的教师。在浩瀚的图书馆里、在迷人的音乐厅中、在雄伟的教堂内，我寻求到了一名知识分子应当努力的人生方向。此外，我还在神圣的教堂中，学到了对其他国家文化和成就的尊重。也正是从那里，我开始亲近伟大的中华文明，一见难忘、一生相随。

——萨安娜（罗马尼亚）

七十载春秋，我的中国心

萨安娜（罗马尼亚）

> 萨安娜（Budura Anna），1931年生于罗马尼亚锡比乌城，汉学家，罗马尼亚社会科学院历史和政治学研究所研究员，1952—1956年就读于北京大学历史系。多年从事中国历史、文化的研究，发表作品《象征之国：从孔子到毛泽东》《龙的胜利：第二次世界大战中的中国》等，为传播中国文化和推动中罗友好关系做出了巨大贡献，2017年获得第十一届"中华图书特殊贡献奖"。

我即将迈入鲐背之年，我感觉自己在爬泰山，既疲惫又快乐。我的脚下是延绵不尽的壮丽美景，我的手中紧握着献给七十载春秋的花束。在我看来，我正怀抱着自己毕生累积的中华瑰宝。

作为罗马尼亚首批五位汉学家之一，也是迄今为止，唯一一名研究中国历史的专家，我很高兴我的健康状况还允许我回首这70年的人生，我愿意将此生的经历分享给对它感兴趣的子孙后辈。

感谢中国图书进出口（集团）总公司邀请我撰写这篇关于过去70年罗马尼亚汉学诞生和发展的文章。我满怀信心地将我的文章委托给编辑们，希望他们能按照中国知识分子的思维，对其进行深刻剖析，让对罗马尼亚和中国贸易感兴趣的人，以及对中罗文化关系史感兴趣的人接受我的文章。

我与中国结缘的这七十载春秋，大致可分为以下几个阶段。

第一阶段　求学和第一个十年

在罗马尼亚有这样一个说法："星期天出生的人一生都会很幸运。"我不知道这句话背后的含义，但我认为自己确实是十分幸运的，因为我遇见了中华文明，并获得了来之不易的学习汉语的机会。我的故事就是从这里开始的！

我于 1931 年 5 月份的最后一个星期日，即 5 月 31 日，出生在喀尔巴阡（Carpathians）山脉弗格拉什山（Fagaras Mountains）脚下的锡比乌（Sibiu）城。这里曾历经动荡，是达契亚文明和罗马尼亚的摇篮。自 12 世纪以来，不断有其他民族定居罗马尼亚，而罗马尼亚也在这些外来文化的影响下，不断丰富和发展。在我成长的小镇的各个角落，遍布了中世纪的记忆，多元化的社会包含着浓厚的历史印记。这里既有辛勤劳作且追求完美的工匠，又有极富创新意识的学者，还有献身于崇高使命的教师。在浩瀚的图书馆里、在迷人的音乐厅中、在雄伟的教堂内，我寻求到了一名知识分子应当努力的人生方向。此外，我还在神圣的教堂中，学到了对其他国家文化和成就的尊重。也正是从那里，我开始亲近伟大的中华文明，一见难忘、一生相随。

当时，在有关远东奇闻的书籍中，关于中国的描述非常少，但正是通过这些只言片语，我开启了一条不一样的人生之路。

由于罗马尼亚的地理位置和某些特殊的历史背景，或者更多的是因为罗马尼亚人的天性，这个国家在现代时期未曾探索新世界、征服新领地，也未曾依仗大炮或宗教对其他民族进行征伐——迫使他们接受新的价值观和理念。直到 18 世纪，罗马尼亚的东正教教义依然以保护和延续传统的价值观为标志。19 世纪，随着罗马尼亚社会的快速发展，杰出的罗马尼亚知识分子，特别是在德国和法国接受过教育的归国知识分子，也开始走近中国文化。他们开始意识到，中国文化作为人类知识财富的一部分，具有独特性和重要价值——伟大的罗马尼亚诗人米哈伊·艾米内斯库（Mihai Eminescu）、散文家伊安·斯拉维奇（Ioan Slavici）、哲学家卢齐安·布拉加（Lucian Blaga）、诗人瓦西里·阿列克山德里（Vasile Alecsandri）和文学评论家乔治·内斯库（George Calinescu）等人在各自的著作中都提到过这一事实。到19世纪下半叶，全球现代化的进程蒸蒸日上，各国开始渐渐对中国现状和价值观产生浓厚兴趣，与此同时，人们也对中国在多个世纪以来所取得的成就感到钦佩，并对中国人民在近代所遭受的苦难表示同情。

1949年10月1日，中华人民共和国宣告成立，四天后，罗马尼亚和中华人民共和国建立了外交关系。此后，在国家机构的引导下，罗马尼亚真正开始了对中国历史和文明的了解。

为了帮助中罗两国领导人进行直接接触，并在各个领域展开合作，以增进对彼此文化成就的了解，罗马尼亚对华政策的首要目标之一就是培育一批会说中文的人才。1950年6月，周恩来总理提出，"中罗两国开展交换学习项目，双方互换五名学生到对方国家学习对方语言"。时任罗马尼亚工人党总书记的格奥尔基·乔治乌-德治（Gheorghe Gheorghiu-Dej）对此迅速做出了肯定性答复，双方就这一事宜达成一致看法。

我有幸与罗缪勒斯·伊安·布杜拉（Romulus Ioan Budura）、玛丽亚·科曼内斯库（Maria Comanescu）、托尼·拉迪安（Toni Radian）及列昂·瓦西莱斯库（Leonin Vasilescu）一同入选首批五人名单。我们成为罗马尼亚第一批讲汉语的人，同时也成为罗马尼亚汉学研究的奠基人。

70年前，当我踏上中国的土地时，我几乎没有想到这是我探索世界上最伟大的文明之一的机会。我花了许多年的时间学习中文，然后了解中国历史和文化，以期一探中国精神世界的奥秘。

1950年11月15日晚，我在布加勒斯特北站，开始了前往中国的万里征途。11月26日，我在满洲里首次踏上中国的土地。这段旅程是关于西伯利亚冬季的回忆，也是对即将踏上华夏大地以实现梦想而踌躇满志的一个过程。从抵达中国的那一刻起，我便被中国人民的热情和周到深深折服。中国人的热情好客和周到使我感受到，我与祖国、家人和朋友之间的距离似乎也不再那么遥远，零下30°C的严寒似乎也不再那么刺骨。中国教育部按照周总理的指示，热情、主动地解决了与我的学习和生活相关的一切问题。因此，我在中国的整个学习期内，都不曾有任何担忧。中国朋友的真诚以待，给了我安全感。

来北京的第一天，中国便在我的脑海中和心中刻下了深深的印记。那天，教育部在前门附近的北京火车站热情地接待了我们，随后，我们被安排住进了极富魅力的四合院里。后来我们才得知，这里曾经是中国二十世纪杰出知识分子、北京大学前任校长蔡元培的住所。把我们安排住在那里，可见教育部对我们的重视。此后，我们被带到北京故宫博物院进行参观，并参加了欢迎晚会。故宫博物院里的中华艺术精品和一些古玩珍品都充满了独特的魔力，欢迎晚会的气氛也非常的热烈。晚会结束后，教育部还给我们准备了适合北京冬天的衣服和被子，这一切使我更深刻地意识到，我此行使命重大。

1950年12月4日是一个天色灰暗的冬日，我来到了清华园。这里是引导我进入华夏世界的第一大门，是引领我走上汉语学习之路的母校。在这里，我们受到了老师们的热烈欢迎。这些老师既是杰出的语言学家、精英中的精英，也是见识卓绝的新兴学科（这里的新兴学科指的是对外汉语教学）奠基人。他们包括：毕业于哈佛大学的邓懿女士，她是赵元任教授的学生，是对外汉语教学的奠基人；王还女士，她曾在英国剑桥大学教授汉语长达3年；杜荣女士，曾在北京哈佛燕京学社任教。为了协助他们的教学，有关部门还非常严格地以外语知识和汉语用语的标准遴选了一批助教，其中包括傅惟慈、熊毅、张维、钟椶、焦庞颙和冯亿罗。时至今日，我仍记得老师们教授汉语时所付出的努力和秉持的坚定决心。整个教学最困难的则是语言这一关，因为我们的母语均不相同，分别属于罗曼语系、斯拉夫语系和芬兰-乌戈尔语系，而老师们能匹配的最接近的语种则是俄语。最终，在他们的不懈努力下，我们仅仅用了三个学期便学完了大学所修课程，并取得了优异的成绩。中国老师们拥有着崇高的使命感，在他们看来，培养出第一批懂中文的外国留学生是一项光荣任务。我将永远铭记以邓懿女士为代表的全体老师，感谢他们在教授给我们一门独特语言时所付出的不懈努力，是他们为我提供了理解和珍视中文的钥匙。

1952年7月，我完成了在中国学习的第一个阶段。同年秋天，我计划在北京大学历史系继续深造，学习中国历史。按照两国政府之间的协议，我们在中国留学的时间为四年，并且只能在北京大学学习选修课程。选课时，我们必须考虑未来工作的需要，并选择能够有助于提高我们有关中国历史、文化、语言及将来发展前景等方面的知识水平的课程。考虑到这些，我决定选择"中国现代史""中国共产党史""中国通史""亚洲史""世界近代史""马列主义""古汉语"和"汉语语法"等课程。

在我的一生中，每每想起我的老师，我总是充满感激、感动和钦敬，这不仅是因为他们的学术风范，还因为他们有着强烈的责任心。

那年，我很幸运地遇见了邵循正先生，他教授"中国近代史"和"外国资本输入中国"的课程，在这两个领域，他是一名知识渊博的学者。他的和善与谦虚给我留下了很深刻的印象。在他的课堂上，我总是坐在第一排，因为他讲课的声音很小，我生怕错过他讲课中的精华部分。他给了我很多研究方向上的建议，如建议我深入研究太平天国的土地制度，以及标志着迈进中国现代化开端的洋务运动。在我此后研究历史的生涯中，邵循正教授一直是我精神上的支柱。

周一良教授是邓懿老师的丈夫，他教授中国通史和亚洲史。他所讲授的内容为我将来从事的历史研究工作和外交工作打下了良好的基础。在我的印象中，周教授是二十世纪中国知识分子的代表。他既尊重中国传统文化，又熟悉西方文化。

张芝联老师教授"世界近代史"，他出身在一个中国传统知识分子家庭，身上既有中国传统学者的儒雅气度，又有法、英学者身上的高雅气质。他的课总能给我极大鼓励，让我充满自信。毕业后，张芝联教授成为我和我的家人最亲密的朋友。

在北京大学学习之初，我遇到了各种各样的困难。老师和同学们在了解我的情况后，给予我无私的帮助。大家的友善和理解帮我克服了学习之初的困难。慢慢地，我开始觉得课程的内容不再乏味，也逐渐适应了上课的节奏，一个全新的世界向我敞开。我享受着在中国的欢乐时光，这里的人们身上有一种利他主义，我与他们在交往过程中建立了诚挚的友谊，这让我无比幸福。我要感谢我的老师！

根据中罗两国政府的协议，我们的四年学习计划原定于1954年7月结束。当时有一个问题困扰着我们，如果我们立即回国，将无法获得学士学位证书。经两国教育部研究同意，我们的课程得以延长两年。

1954年秋天，我升至大学三年级，这次我不再上选修课，而是上必修课。我上过的必修课中，令我印象最深的是"中国通史"和"世界古代史"两门课程。

教授我们"中国通史"的是邓广铭教授。他有着丰富的教学经验，授课体系完善、逻辑清晰，总能让我明白事件之间的前后关系、人物特点、社会和政治背景等。对我来说，困难的是那些来自古书中的大量的语录、人名和地名等。作为一名经验丰富的教授，邓教授很快发现了我的问题，在他的帮助下，我的问题得以解决。直到今天，我都无法忘记学习"盐铁论"的课程，它不仅帮我提高了古汉语水平，更帮我了解了有关古人的思想。

教授我们"世界古代史"的是齐思和教授。这门课把中国史和世界史结合起来，让我了解了中国历史在世界发展过程中的重要作用和深远影响。他发表的有关中国与欧洲国家交流的文章对我后来所从事的研究工作有很大启发。齐思和教授经常给我看一些精美的古书、动人的游记，还会给我讲解那些奇妙的图画，让我了解中国传统绘画的精髓。每当想起齐老师，一位和蔼可亲、聪颖智慧的学者形象便浮现在我的脑海里。

除了我的可亲可敬的老师们之外，我也不得不提及我的中国同学们。他们经过抗日战争和解放战争的洗礼，优秀而杰出。他们善良、无私，拥有伟大的理想，是艰苦奋斗但不追求物质利益的一代人。他们很自然地接受了我，并成为我终身的挚友。

在清华大学和北京大学的六年，是我一生中最美妙的时期，这段经历为我成为历史学家和汉学家打下了坚实的基础，我将永远感谢那些可亲可敬的老师和总是面带微笑的同学。

1956年7月，跟北大历史系系主任翦伯赞教授和同班同学的毕业照

1956年7月，考试结束后，我离开了母校、老师和同学们。回到罗马尼亚后，每当我想起班上最后的聚会时，我仍然会很激动。在那次聚会上，我们总结了四年的学习生活，并感谢各位老师这四年来给予的教导。我们激昂陈词，憧憬着美好的未来。记得那天，我还带了一棵冷杉树苗，与同学一起将它种在我们住的二院前面。这棵冷杉象征着我们对母校和所有老师的感激之情，

1989年，参加北京大学历史系建系九十周年活动

同时，它也见证了我们之间真挚的友谊。

1956年7月，我和我的四名罗马尼亚同学都做好了将六年所学全部用到国家需要的工作岗位上的准备。我们很乐意参与各种有利于中罗友好关系的活动，这种活动让我们倍感自豪、意气风发，而且我们很乐意在这类活动中和别人慷慨地分享我们所学到的知识。后来，我们五人分别在外交部、外贸部、对外文化交流研究所和布加勒斯特大学开始了我们的工作生涯。

而我则首先被安排到了外交部，先后在外交部新闻处和罗马尼亚驻中国大使馆进行了十年的不懈工作。在这里，我充分利用所学的中文知识，为国家政要提供翻译服务，也会做一些新闻稿的笔译和宣传罗马尼亚的新闻工作。最重要的任务是阅读《人民日报》和其他重要报刊，以便了解中国政治、经济、文化及对外政策的发展情况，然后把所获得的信息介绍给罗马尼亚领导人。这些工作令我非常高兴，但最高兴的是，我可以把罗马尼亚人民的生活及工作情况介绍给中国读者。

为了满足不断发展的中罗关系中出现的各项需求，在那段时间里，我常常需要工作很长时间。在工作的过程中，我拓展了自己有关工业、政治、文化、外交等各个领域的词汇积累。当时，我所做的工作都是在没有专业字典的情况下完成的。对我来说，那是一段艰难的时期，因为实际的工作量常常超出我的体力和精力。最终，我这十年的工作竟以一年半的病假而告终。

从1953年开始，随着越来越多的学生被派往中国学习，说中文的人数在不断增加，满足了许多领域的需求。为了更好地发挥我作为历史学家的优势，应我的要求，我被调任，至隶属于罗马尼亚工人党中央委员会的罗马尼亚历史和社会政治科学研究所工作。

第二阶段　为研究中国历史奠定基础

隶属于罗马尼亚工人党中央委员会的罗马尼亚历史和社会政治科学研

究所，前身是在1952年1月正式建立的罗马尼亚党史研究所。1958年以后，在继续搜集、研究与罗马尼亚工人党有关的党史文件和编写一些历史书的过程中，研究所的工作逐渐有了变化，开始重视研究罗马尼亚的历史、历史哲学和历史理论等方面的知识。此外，为了研究各国发展史，研究所每年都招收优秀的大学毕业生，图书馆的藏书开始不断地增加，目前，藏书有30万册、杂志和报纸7500份。1961年，党中央委员会委员扬·波佩斯库-普祖理担任所长，他提出了很多关于罗马尼亚独立自主政策的改革方案，提出了把共产党史、工人运动、民主运动史加入对罗马尼亚的历史研究之内，研究它们所发挥的作用，以及在社会发展中的地位和作用。

1966年，党史研究所更名为罗马尼亚历史和社会政治科学研究所，隶属于罗马尼亚共产党中央委员会。更名后，研究所的研究范围变得更广，包括罗马尼亚史、党史和群众团体的发展史、军事史、罗马尼亚的社会制度发展和形成史以及诸如历史哲学和历史研究之类的理论问题等。新的研究内容还包括世界史，对此，研究所建立了国际部。可预见的研究课题涉及很广，包括世界工人运动史、社会主义制度的建立和发展史、民族解放运动史及各国历史发展史等。我提交调任研究所的申请时，恰逢研究所正在招聘既会外语又具备历史研究能力的专家，以补充研究波兰、保加利亚、匈牙利、法国、德国等国家共产国际历史的研究人员。

最终，我被研究所录取，这说明研究所对西方国家之外的其他各国的历史及远东地区的历史是感兴趣的，我希望自己能为研究所对中国历史的研究奠定基础。这是罗马尼亚汉学史上最具有决定性的一件事，是罗马尼亚向着研究中国数千年历史文明迈出的第一步。此后，罗马尼亚开始不断地聘用更多熟悉中国、在中国接受过教育、会说中文的专家，想从中国的文献资料中收集更多信息，以了解中国悠久的历史文明。（这项工作原本是要和我的同事玛丽亚·科曼内斯库一起完成的，但不幸的是，她不久前离开了人世。）

为了制订我的研究计划，我必须先了解罗马尼亚国家图书馆的馆藏文献情况。我学生时代（1956—1959年）和在罗马尼亚驻中国大使馆工作期间（1961—1965年）收集有关书籍的情况与这种工作内容很相似。然而，结果令人十分沮丧，我找不到任何有关中国历史问题或进程系统性研究的可用文献。有关近现代中国的研究文献只有罗马尼亚外交部图书馆才有，研究所的图书馆也有一部分，我在研究所的图书馆找到了有关共产国际的文献。因此，我向研究所负责人提出，我可以草拟一份题为《中国革命和共产国际的关系（1920—1927年）》的研究报告，研究的时间延续到1949年。1968年，以《中国革命的主要问题和共产国际在中国的活动（1920—1927年）》为题的70页研究报告编写完成，并印刷了50份供内部使用。

研究所于20世纪上半叶出版了关于中国历史的第一部著作，这部著作除了收录了我的文章外，还收录了包括从民主机构、工人出版社和罗马尼亚共产党机构遴选出的159篇各类文章、文件和其他资料，共478页。从义和团运动到1911年辛亥革命，从抗日战争到中国共产党领导的解放战争，再到1949年取得胜利，这部作品体现了编撰人对中国历史进程的透彻了解。这些文章和文件，不仅提供了有关中国历史和政治环境的宝贵信息，也表达了罗马尼亚人民对中国人民的真挚友谊和对他们所遭受苦难的同情，同时赞扬了中国人民为保卫祖国而进行的英勇斗争，以及对取得胜利的坚定信心。

这部著作于1973年由政治出版社出版，书名为《罗中人民团结友好的传统》。

根据研究所的研究计划，我负责研究的课题为中国近代史，重点是对20世纪上半叶的研究。虽然国际研究组已在编写一系列反映第二次世界大战期间各国人民反抗斗争的卷篇，其中一卷讲述了亚洲和非洲人民反法西斯和反军国主义斗争的经历，以及他们对击败轴心国联盟所做出的贡献，但我认为，应该对中国人民从19世纪末到1937年抗日战争全面爆发期间的历史进行重点讲述。

我很荣幸地为该书提供了参考书目。在罗马尼亚共产党中央委员会档案室、外交部档案室和我们研究所的档案室里，我发现了一些有价值的文件，并将撰写的具体报告通过罗马尼亚媒体予以发表。虽然我在中国无法

| 我的中国故事 |
| 海外学者的中国缘 |

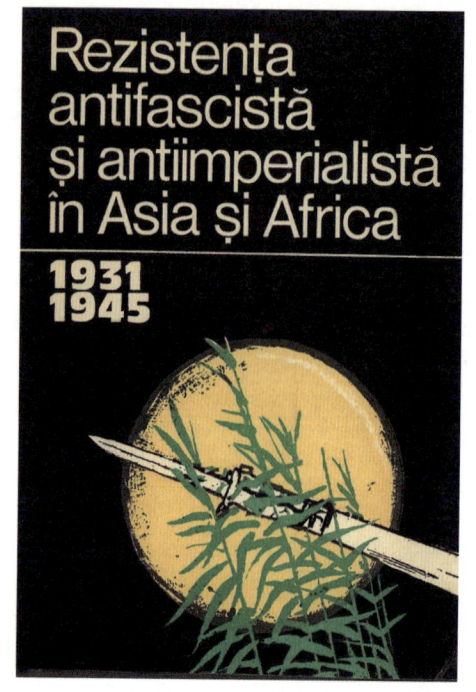

《1931—1945年亚洲和非洲的反法西斯和反帝国主义斗争运动》一书的封面

获得档案资料的访问权限,但自1980年我获得陪同丈夫前往北京进行外交访问的机会起,我便获得了查阅中国革命博物馆、西单图书大厦、中国国家图书馆特殊馆藏中相关文献的查阅机会,同时也有机会与中方研究人员会面和探讨。在我的研究中,有几卷包含了毛泽东、朱德、周恩来、刘少奇等新中国领导人的文章和文献,他们都直接参与了永载史册的抗日战争。

我对搜集有关中国抗日战争这一宏大主题的资料充满了热情,因为我意识到,这将是罗马尼亚出版的第一部关于中国近代史的重要著作。我有信心能够充分提供这100多年来的历史数据,并分析到1949年10月1日前所有关于中国革命胜利的复杂因素。

这部共400页的著作于1986年由军事出版社出版,书名为《1931—1945年亚洲和非洲的反法西斯和反帝国主义斗争运动》。在这本书中,我负责撰写两个章节的内容:一章是关于中国抗日战争的研究,共97页;另外一章是对菲律宾抗日战争的研究,共40页。

今天,在回顾了分别于1985年、1995年和2005年在中国出版的关于抗日战争史书籍的三个版本后,我意识到,我的作品对罗马尼亚读者而言仍具有里程碑意义。在当时的特定历史背景下,我在罗马尼亚和中国进行了重要研究,我不敢有丝毫松懈,负责任地提供科学的数据和正确的分析,以帮助罗马尼亚读者了解20世纪上半叶中国历史的里程碑事件和中国人民的期望。

在研究过程中，我对参考文献进行了扩充，并草拟了题为《中国人民的抗日战争（1931—1945年）》的博士论文，补充了作品信息并拓展了分析范围，增加了有关罗马尼亚人民对中国人民

1983年12月27日博士论文答辩

抗日战争的公众舆论。在1983年12月27日，我进行了论文答辩。2007年，经过审稿和修改，这篇共257页的论文得以出版，最终版本添加了地图和插图以及对第二次世界大战后（1945—1949年）中美两国关系的研究。这本书的三个版本都深受读者喜爱，同时还被布加勒斯特大学中文系列入学生必读参考书目。

另外一项令我感到荣幸的工作是，我撰写的关于周恩来总理的传记被收录进了《独立、不结盟、和平及20世纪政治运动的重要时刻》一卷中。该卷包含了多位亚洲和非洲杰出人物传记。尽管手头没有太多参考书，但我仍然用28页的篇幅全面概述了周恩来总理的生平，我在书中写道："周恩来是在中国革命斗争中造就的中国领导人之一，是带领中国革命走向胜利的先驱者，他力图实现中华民族的进步与繁荣，将中国建设成爱好和平、维护世界尤其是亚洲稳定的大国。"该卷共310页，于1989年由政治出版社出版，是罗马尼亚共产党中央委员会下属历史和社会政治研究所编写的最后一卷作品。

罗马尼亚《历史杂志》于1967年首次发行，这为罗马尼亚历史学家的作品发表提供了机遇。如今，《历史杂志》已成为罗马尼亚极具声望的历史类杂志，也可能是唯一的历史类杂志，这得益于它对作品质量的高要求。同时，该杂志也获得了历史学家和非专业读者的认可。50年来，

《历史杂志》一直给予我不断的支持和鼓励，为我提供着多元化的、成熟的历史思维和科学的分析结果。《历史杂志》发表了超过 160 篇关于中国的文章和研究论文，在传播中国历史和文明方面发挥了重要作用。此外，《历史杂志》文化基金会还为三部中国历史主题的作品颁发了奖项。

我在该杂志上发表的第一篇文章刊载于 1968 年第 10 期，内容是关于长城和明十三陵的历史。我很高兴能够向罗马尼亚的历史爱好者提供有关中国的第一手真实信息，其中包含了有关对中国历史上重要时刻的描写，中国重要政治、文化和科学人物的传记，以及对中国的特定历史和文化目标、文字对中国艺术重要意义的介绍，即有关中国几千年历史进程的部分基础知识。这表明，中国作为人类文明中独特的国度，必须让世界认识、尊重和接受。每篇文章发表后，都会给我带来欢乐，尤其是在我收到读者的积极反馈时。

我在研究所工作期间，除了在《历史杂志》上发表了 25 篇文章外，在《历史评论》《历史纪事》和其他出版物上也发表了很多文章。但这只是一个简单的开始，随着参考文献的日益丰富与研究的不断加深，我相信，我将为读者提供更多分析深刻、论证充分的作品。

除了根据研究所的研究计划开展没有现代技术手段辅助但需要查阅大量文献资料的工作外，我还必须时常进行翻译工作。

中罗两国关系紧密，双方经常开展代表团交流活动，因此我需要经常进行陪同访问。这显然不是一项轻松的任务，这意味着一周 7 天马不停蹄地工作，我每年大概有 100 多天在执行此类任务，这些工作让我无法专心开展研究工作。但是我意识到，为了中罗两国关系，我必须努力完成研究。今天，我很高兴能够帮助成百上千的人进行交流，增进对双方文明的了解。每次任务结束后，我都需要一些时间来给自己充电，然后再继续进行我的研究工作。作为中文译员，我和我的女儿塔蒂亚娜合作翻译了奥特特亚教授的《罗马尼亚历史》中文版。

1988 年，我获得了文化功绩勋章，我很欣慰自己的努力得到了认可。

总的说来，在研究所工作的 20 多年时光，是我感到精神愉悦的一个阶段，因为在这期间，我获得了很多知识。我为能够了解中国历史、文化而感到欣慰。在我心中，与我一起做科研工作的领导和同事都有着很重要的地位。我永远不会忘记他们对我的帮助和支持，我深信，如果没有这 20 年的科研生活、没有研究所为我提供的工作条件与环境，我退休后 30 年的生活也不会如此的丰富与精彩。

第三阶段　重拾青春

当我回想生命中第三个阶段的第一年时，我首先想到的是白先生。

20 世纪 90 年代初，我在北京与他相遇。白先生从来没有缺席过我参加过的任何文化活动。在剧院、艺术展、艺术家活动和文化会议上我都会遇到他。他的脸上闪烁着善良、慷慨及中国知识分子的真诚。他是所有艺术家的"梅塞纳斯"（赞助人）。从他的脸庞和矫健的步伐来看，我无法想象他已年过八十。当我对此表示惊讶时，他回答道："这是很自然的事。我相信，人在 60 至 80 岁的时候，会遇见自己的第二次青春，在这段时期，我们的身体尚且健康，享受着一生所学的宝贵知识财富，将其系统化并加以有效利用。"

直到今天，白先生的话一直萦绕我的耳畔，给我勇气和力量。

1990 年，隶属罗马尼亚共产党中央委员会的历史和社会政治研究所被撤销，我退休了，接下来，翻开了我生命中长达近 30 年的新篇章。当时，我充满信心，并制订了许多宏大的计划。那些年，我一直很享受研究工作的乐趣，并发表了一些研究成果，与学生、广播听众和对中国历史感兴趣的同胞分享交流。

我很肯定，随着罗马尼亚和中国关系的改善，我将有更多的机会接触更多的有关中国历史基本问题的文献资料，并更加专注地在罗马尼亚传播中华文化，以此完成我多年的夙愿。为此，我甚至编制了基本文献清单。

1990 年至 1995 年期间，我与我的丈夫罗缪勒斯·伊安·布杜拉（罗明）在中国度过，他被任命为罗马尼亚驻中国大使。除了密集的外交活动外，我很高兴能够在中国现代史研究所专家的协助下，借助《帝国档案》第1期的框架，继续我的研究工作；同时，能够再次前往中国首都图书馆和各大书店进行参观，拜读中国历史学家的最新佳作。

我一直努力地将所学的知识充分运用到新的研究中，并将它们不断地发表在《历史杂志》上，希望这些文章能向读者更清晰地介绍中国这个迷人的国度。比如：中国的伟大历史人物传记、中国复杂的历史进程，以及具有代表性的中国文化与中国文明遗迹等。对中国研究需要从点到面，不断地积累和整理，这样才能清晰和明了。在整理和积累的同时，我会将这些信息分享给罗马尼亚的人民，以便他们能更全面和深刻地了解中国文化的独特性。

1999年，我很高兴地看到自己的28篇文章和研究论文成卷出版，这是我在1991年至1995年间研究成果的一部分。这也是我的第一部署名图书作品，封面是著名画家潘天寿的画作。这本名为《符号之地——从孔子到毛泽东》（300页）的作品，是我作为一名曾经的北京大学留学生和会讲中文的罗马尼亚历史学家出版的第一部作品。同时，本书也是向罗马尼亚读者介绍中国主要人物的第一本书。书中包括了中国主要历史人物传记，其中包括孔子、秦始皇、中国史学之父司马迁、出使西域的张骞、纸的发明者蔡伦、唐明皇和康熙皇帝等各朝代帝王，中国历史上制造重大历史事件的著名女性，同时这本书还阐述了代表中国文化、文明及中国人日常生活的各种符号。

在书中，我总结了相关对中国本质和独特之处的认知，如果没有这些认识，我便无法理解和正确欣赏中国文化的价值，也无法感知中国文化缔造者的心灵。"西方世界的大师偏好个性之美，中国的大师则青睐超越世纪千年的精神和道德观念。而这些只能通过文字去寻找它们的艺术精髓，"我在书中写道，"文字无疑是在两个文明之间、两种思维方式之间架起的桥梁，这在文化融合的世界中是必要的一步。"

这部作品于2000年获得了《历史杂志》文化基金会颁发的图书奖项，为了完善书中的思想，我在2007年开始重新修订《神州：众神之地》（320

页),以介绍更多人物传记、中国著名城市——如上海、平遥以及丝绸之路沿线城市的演变与发展,也包括北京及其周边地区和中国其他文化和历史名城的历史遗迹。我还添加了一个章节,涵盖了被评论家称为"中国文化资源库"的《礼记》中的部分中国文化元素,介绍了中国古代的敬老传统,体现了天、地、人融合的观念和至今保留未变的传统节日,令人惊叹的青铜像、精神与物质完美融合的国画、人与自然和谐共处的风水学、无言的诗歌——盆景,以及中国古代的教育制度和学徒制度。

这两本书都在"结束语"中记述了我从首次踏上中国土地到从北京大学历史系毕业所留下的珍贵回忆。

随着时间的流逝,我从读者的反馈中发现,他们对《历史杂志》上发表的人物传记(其中一部分收录在我的前两册书中)有极大兴趣,并且留下了深刻的印象。随着我对中国历史研究的深入,我被越来越多的人物传记所吸引。同时,我与这些人物建立起了情感上的联系。通过他们,我更加深入地了解了中国人民的灵魂并感受到中国的活力。我认为,对于那些对中国历史感兴趣的人来说,读一本具有中国代表性的历史人物传记集是非常受用的。而我在 2014 年出版的《中国历史人物》(313 页)便是这样一本书,其中包含着代表中国 2500 多年历史的 24 篇人物传记。

应派地亚(Paidea)出版社的请求,我于 2010 年撰写了《中国茶文化》一书,该书共 177 页。书中介绍了茶的历史、种类、益处、茶道和茶馆。出版社将其定位为展示中国文化丛书系列的重要开端。该书第一版问世后,市场反响很好,后续版本又纳入了大量在手工纸上印刷的中国古典绘画作为插图,后来,还发行了制作精良的收藏本和特别礼包本。这本书卖得很好,发行当年供不应求。2012 年,该书作为历史类书籍获得了《历史杂志》文化基金会颁发的图书大奖。

1995 年后,根据曾在北京从事外交工作的经历,我意识到,将科研重点放在中国与其他国家和民族的对外关系发展史上势在必行,更能了解中国外交政策的显著特征和历史特点。随着中国日益成为世界大国,其重要性也在不断提高，在国际社会中发挥着越来越重要的作用。在这个过程中，中国文化和文明将成为人类的财富，此时开展这一主题研究，对于正确理解中国目前的外交政策非常有必要。

因此，我很高兴地接受了欧兰达·提格留教授的提议，前往康斯坦萨奥维迪乌斯大学担任副教授，在历史与政治科学院的硕士学位课程中教授"欧亚大陆的外交和文化"（2004—2008年）。在准备讲义时，我意外地发现，这个岗位不仅能让我梳理好中国、亚洲和澳大利亚文明历史知识，还能将我作为科研人员、外交部人员、总领事夫人的50余年外交生涯，以及在布加勒斯特、北京和悉尼频繁的外交生活做一个全面总结。

在制订课程计划时，我发现，我必须向学生讲授有关中国历史和文明的基础知识，并以简单易懂的方式向他们介绍中国哲学和政治学概念。

多年来，我一直致力于把握问题的复杂性，不断探索中国几千年的历史，从神话时代一直到中国文明的诞生，以追溯中国外交政策及中国人不断努力发展的传统文化根源。我试图通过新的资料和文献，在中国的历史长河中寻找现代中国外交思想的证据，研究中国全新国际政治学的形成过程。我研究了中国外交史上重要人物的传记，以期理解中国的外交方式。

在课堂上，我会产生一些新的想法，这些想法使我的课程记录更加完整。我将这些记录系统地整理成册，由此，《中国外交——历史和文化根源》一书于2008年得以出版。

在书中，为了帮助读者理解中国历史的演变、华夏民族的特性，我着重介绍了中国的地理位置、地理特征和自然资源，这些都是孕育千年文明的影响性因素。此外，我还介绍了中国的传统节日及它们的历史渊源。书中还概述了华夏民族的形成

2008年《中国外交——历史及精神根源》新书发布后的留念

过程及其与其他国家和民族的关系，即和谐共处而非杀伐征服的对外理念，表明了中国作为主权国家根据道德和自我发展原则，通过有效自治，追求世界和平的思想，同时对其他民族和友邦分享"一视同仁"的价值观。所有这些，都是为了换取边疆的和平与安宁，以及世界对自身地位的认可。

我坚持在书中阐述了华夏民族特有的朝贡制度（在英语中，这种制度被称为"Chinese-type tributary system"，即中国式朝贡制度）。这种制度因其典型的特征而有别于欧洲国家的封建朝贡体系。中国的朝贡制度不涉及对其他国家内政的干预，也没有对附属国强行输入中国文化和语言。接受朝贡关系的国家和民族只需要向中国朝廷赠送一些象征性礼物，如具代表性的本国手工艺品和产品，数量和价值由自己决定，以表示他们对朝廷和皇帝的尊重。中国王朝对希望获得其保护的附属国家的道义责任是巨大的，而且往往需要付出极大的代价。

我在书中设置了一个专门的章节，旨在让读者了解有关中国文化，尤其是中国哲学、政治和外交的基础知识。鉴于文献方面的局限性，我向北京大学的何群教授、上海海事大学时平教授和天津南开大学李思索教授等中国杰出专家寻求了帮助。我非常感谢他们提供的珍贵资料，作为罗马尼亚唯一一个中国历史研究者，我将需要更多的时间来收集整理这些文献，想到这里我便愈加心怀感激。

为使作品更具有中国特色，我在作品的最后以"附件"形式收录了中国的外交文件、名人传记和对部分重要历史遗迹的描写。

10年来，《中国外交——历史和文化根源》陆续出版了三次，最新版本于2018年12月4日发行。巧的是，就在1950年的同一天，中国文明的大门第一次为我打开。这本书在2009年和2019年两次获得《历史杂志》文化基金会的图书大奖。

部分作品照片

即将迈入鲐背之年时，欣喜回望，在我的脑海中，浮现出的是我一生所积累的财富，即研究和传播中华文明所做出的贡献。而在我心中，感受到的是伟大华夏民族的慷慨。同时，我为在2017年获得"中华图书特殊贡献奖"这一殊荣而感到由衷的喜悦。

本文正好完成于2019年12月15日，距我首次登上前往中国的火车已过去了69年，那次长达两周的旅程，带我到达了我的人生目的地——中国。如今，中国仍然充满生机，仍然还是人类历史上最大的智慧宝库，仍然是我一生萦绕不去的梦乡。

自踏上中华大地那时起，我便与中国一路同行，一生相依。

光看朝鲜王朝五百年的历史记录，我们不难知道，朝鲜的整个国家系统都是学习中国的，甚至作为韩国文化的绝对媒介——韩语也是以中国古代汉语为基础创造的。这种历史经验形成一种文化的基因，这个基因让韩国社会非吸收中国文化不可，所以，慎重地选择中国文学及文化读本，认真翻译它们，才是译者的责任。商业社会的喧嚣和城市化进程改变了人们的生活方式，精神空间被过分侵占，那么，守候这仅有的精神空间将更加有意义。一个时代的人性、民众的精神趣味，都要靠文学得以保全。这是我们需要交付于未来时代的一个精神火种。这也是理性地理解不同文明背景下产生的文化差异与思想差异的渠道之一。

——金泰成（韩国）

我与中国当代文学

金泰成（韩国）

金泰成（Kim Tea Sung），韩国著名汉学家，1959年出生于韩国首尔，毕业于韩国外国语大学中文系，并获文学博士学位；过去15年任教于湖西大学中国学系，同时，在首尔的几所大学教授翻译课程，现专职于翻译中国当代文学及人文方面的书籍，同时，运营"汉声文化研究所"，积极向韩国推广中国文化,；先后翻译了包括阎连科《我与父亲》、海岩《玉观音》、顾城《我是任性的孩子》、舒婷《致橡树》、铁凝《无雨之城》《大浴女》、刘震云《手机》《我叫潘金莲》《一句顶一万句》、阿城《棋王树王孩子王》等100多部文学作品。

有人问我的身份认同，我回答是名学者。之所以这么回答，是因为我的社会实践集中于阅读、思考与写作。又有人问我你的职业是什么，我回答是一名中国文学译者。之所以这么回答，是因为我翻译过的大部分作品是中国当代文学作品。

我认为，需要通过文学翻译来实现中韩交流的最重要原因是两国文化的不同。与韩国文学不同，中国文学具有非常重要的意义，之所以这么说，是因为中国文学具备"讲故事"的传统。中国是一个人口众多、历史悠久、地大物博的国度，人口的众多与历史的悠久形成深厚的"讲故事"传统，为中国文学提供了多彩多姿的营养和能量。人多，故事自然也多。中国文学"讲故事"的传统主要源于古代的"俗文学"，来自元、明、清时代的戏曲、说唱、小说等。不过这种"讲故事"的传统与西方的叙事传统有所不同，比如在西方人的眼里，所谓中国"四大奇书"之一的《三国演义》不足以称之为小说。20世纪60年代美国哈佛大学教授约翰·毕索

(John Bishop)在《中国小说的几件界限》一文中对中国小说进行了批判,他就中国小说提出了以下四点:(1)中国小说是以说书人的"话本"或"章回小说"为基础形成的,细节的描写能力还没有得到充分的发展,书写技巧也仅限于习惯性表现。(2)故事的情节受影响于听众或读者的反应,作品的结构不太精细。(3)中国小说的读者主要追求感官的快乐和通俗的主题,因而其素材太过官能与幻想。(4)人物太多,心理描写太少。但我认为这些正是中国文学"讲故事"传统非常重要的正面特点。毕索定义的小说可能着眼于西方小说,尤其是历史刚刚超过两百年的"野孩子"美国的小说。他还没有充分了解到中西文化的差异性。我认为,他最大的错误在于用西方小说的美学标准来评价他们根本并未具有的中国叙事传统。这便是轻视东方文化的未成熟的欧美读书人的傲慢,也是一种东方主义(Orientalism)视角。我想问他美国有没有像《三国演义》那样拥有广大读者的作品?我认为恐怕是没有的。而《三国演义》不仅仅在中国,在韩国也是比《圣经》还要畅销的作品。说起来有一点奇怪,在韩国排名靠前的一家规模较大的出版社每年出版几百种图书,而有一年该出版社百分之八十的收入来自韩文版《三国演义》。如此看来,不管其美学的结构或系统如何,中国文学"讲故事"的传统与广大读者的生活和意识密切联系,这就是中国文学承先继后的力量。中国著名作家莫言因"将魔幻现实主义与民间故事、历史与当代社会融合在一起",而获得诺贝尔文学奖,这意味着中国当代文学作家基本上都具有西方并未具有的庞大的故事资源,不必苦恼写什么样的故事。有关这一点,前中国社科院文学研究所所长刘再复老师也曾强调说:"中国过去一百年的历史动荡与大苦大难、改革开放以后日新月异的社会变化以及对这种变化与历史的反思,都是形成故事来源的重要要素,作用为中国当代文学的重要优势。"

我翻译中国当代文学作品不仅仅是为了中国作家与中国文学的海外传播,更是为了韩国读者、作家与韩国文学的发展与进步。我希望韩国读者可以通过中国作家笔下的中国故事来感受中国文化,真正了解中国社会的现状,让韩国作家们吸取与借鉴中国文学"讲故事"的传统,让韩国文学变得更加丰富多彩、成为更有竞争力的文学。因此，我特别关心中国作家写什么样的故事以及如何写故事。所谓如何写属于修辞与美学的问题。过去由社会主义现实主义垄断的中国文学思想与文艺美学及修辞技巧通过四十年的开放与全球化的交流，吸收全球的文学、哲学、美学和各种思考系统而以中国的方式来消化了，已经非常丰富多彩了。现在中国文艺美学里面也有"乡土印象主义"、"革命浪漫主义"和"神实主义"①等只有中国所拥有，其他国家没有的崭新的内容与现象。我在翻译过程中，能够直接体会到这些文艺美学的特点。比如说，我翻译最多的是中国河南籍作家刘震云与阎连科的作品，已翻译刘震云的六部作品和阎连科的七部作品，最近翻译的是阎连科的《风雅颂》和刘震云的《一句顶一万句》。说起来很有意思，这两位作家都是河南人，但相聚聊天时，我听出来他们讲话的口音略有不同，这让我十分诧异，原来仅仅河南一个省的面积就与整

在鲁迅文学馆，与作家邱华东、崔曼莉以及意大利翻译家的合影

---

① "神实主义"是由中国著名作家阎连科提出的一种新的文学创作概念，2011年他在《我的现实，我的主义》一书中首次提出了这个名词。

个朝鲜半岛差不多。当然,他们的文学世界和文艺美学也是截然不同的,刘震云的小说主要说有关"口"的故事,换句说,他主要讲吃的问题和语言沟通的问题,提供过去中国农村生活多彩的风景画,同时也提出了对人生和人间普适价值的深刻反思,其主要叙事方式是幽默。他的幽默是非常特别的,可以说是"中国式逻辑幽默",他的作品中有幽默、有逻辑,然而又非常沉重,幽默里又略有悲伤,让读者们忍俊不禁。我虽然不是评论家,但作为一名译者,我认为,他的《一句顶一万句》非常值得推荐。相比之下,阎连科的小说修辞呈现出另一种风格,他既使用对偶、反复、夸张、明喻等中国文学传统修辞技巧,又发挥他独有的诗歌一般美丽的语言、极端的比喻而构成马克·夏卡尔(Marc Chagall)绘画一样的梦幻世界,由此,提出一些颇具批判意味的反思。除了这两位以外,其他中国作家都有自己独特的修辞技巧和讲故事的妙法,这些都是韩国作家应该吸取的文学滋养。

在翻译介绍中国当代文学作品的过程中,我碰到过几个困境,其中有关"讲故事"的是在韩国翻译出版其作品的中国作家太偏重于"50后"和"60后",使韩国读者能够享受的故事风格不够多样化。导致这种局面的原因一方面是目前暂时无法解决的市场问题,另一方面是中国社会变化与作家群体的问题。关于这一点,阎连科曾说:"上世纪三四十年代出生的老作家,确实因为年龄太大,无法真正地参与如今中国的现实与遭际,也没有能力在写作中关心中国和世界的明天。"他们的创造力逐渐减退,创作的激情也在渐次地减弱。而"80后"和"90后"作家太年轻,是中国计划生育政策影响下的"独生子女一代",他们富裕到什么都有,却也贫穷到无法明白或体会今天的中国为什么会是今天的样子,中国是从何时起发展到如今的样子,又将到何处去。问题的所在就是韩国读者无法欣赏"70后"和"80后"作家的作品,也无法了解他们所经历的另一个中国社会和他们所发挥的另一种"讲故事"模式。所以,我认为目前的当务之急是使韩国翻译出版的中国作家的层次尽量多样化。最近,韩国书坛子出版社陆续出版了张悦然、阿乙、徐则臣、路内等中国年轻一代作家的作品,扩大了韩国读者感受中国当代文学的空间。总而言之，我会继续翻译中国当代文学作品，主要着眼于"什么样的故事""如何写"，还有"哪一时代的故事"这三个问题，努力克服市场规则造成的界限。实现这种目标的具体方法没有别的，就是身为译者，我率先多阅读、多了解中国当代文学作品，寻找韩国读者或韩国社会所需要的重要滋养和接触点。

每一个国家对于中国当代文学的接受程度都是不一样的。目前，韩国几乎所有的大学均设有中文系，许多中文系教授写有关中国文学的论文，从政府部门拿研究资助，然后在大学里编成论文集。而这些论文与广大读者之间是隔绝的。能够阅读并愿意阅读这些论文的人只有作者与审评人而已，其他人几乎都不知道，也没有机会与这些论文接触。我觉得，这些为写论文而写的没有读者的文章知识对时间的浪费。很多大学老师写了大量的论文，大学外面的广大群众却依然不懂中国当代文学，严重缺乏对中国当代文学的理解和认识。可以说，有关中国文学的经验与知识在大学里是被封锁起来的。难道这种奇怪的现象没有问题吗？作为研究者，论文写作是非常重要的，但只有专门性的论文，没有大众化的写作也是不能忽视的大问题。有关中国当代文学，缺乏大众化的写作就是在韩国推广中国当代文学的最重要的障碍，也是在韩国出版界不能形成大规模市场的最大原因。因为一般读者对文学作品显露越了解越要阅读的倾向，大众化的写作是联结广大读者与中国当代文学的最快捷方式，也是与中国文学携手同行的最好方式。

我遇到的第二个困难是韩国阅读界太偏重于欧美文学，中国当代文学立足的空间特别小。韩国的几家规模大的综合性出版社一直在出版世界经典文学丛书，在这个过程中存在一直呈现明显偏重欧美文学的现象。比如韩国最大的出版社熊津出版社出版的《企鹅古典系列》109本，其中欧洲文学80本、北美文学22本、亚洲文学4本、其余地区文学3本；民音出版社出版的《世界文学全集》232本，其中欧洲文学153本、北美文学44本（全都是美国的）、亚洲文学17本、拉美文学13本、其余地区文学5本；文学村出版社的《世界文学全集》110本，其中欧洲文学68本、北美文学

18本、亚洲文学15本（除了莫言的《十三步》之外全都是日本的）、拉美文学9本。这种数据意味着欧美文学依然支配韩国人的文学阅读，也意味着韩国人的精神世界依然被欧美文化掌控着。我认为韩国人的这种偏食现象是由于所谓的全球化所致。从19世纪末到20世纪初，席卷全世界的这场全球化也叫西化，不同于如今我们正在经历的全球化，当时对所有亚洲人来说，西化无异于文明化，通过这种西化才能够克服非文明且落后的生活状态，成为最起码的国际社会的成员。干脆说西化是实现社会变化与发展的唯一选择，这种全盘西化的结果之一便是形成西欧文学的文化霸权。更严重的是韩国社会的这种文化偏重现象在很短时间内是不会改观的。所以有些学者说要以东亚的文化权力来克服西欧文化的霸权，但是这种想法太政治性，是不具实践性的意识形态，也是一种逆向帝国主义。

　　解决这种问题的具体的方法之一，就是如今我们所说的全球化。其实，如今的全球化（globalization）与过去的不同，是双向性的。在全球化的同时，地方化或本土化（localization）也是同步进行的。可以说全球化与地方化是硬币的两面，两者在结构上是难分难解的。过去的全球化的动力主要是从西方来，由西方垄断全球化，而如今的全球化动力是从世界各方来的，基本上没有发挥霸权的势力，各方分担着一定的力量和功能，走向和谐的状态。构成这世界的所有国家和地区相互影响，所有的地方都成为全球化的重要的一部分。所有的地方文化通过互相交流和影响，就成为更加发展的、更加成熟的全球文化。根据这种观点，文学翻译既会是文化全球化的最有力的工具，也会是能够脱离西欧文化霸权的最具体方法。2010年至2015年期间，韩国的仁川文化艺术基金会每年四月份会举办"AALA（Asia、Africa、Latin America）文学论坛"，其目的在于通过非西欧作家的共同努力来发现世界文学的新走向。每年不到二十位的来自（亚、非、拉）三个大陆的作家们相聚，通过有关文学的讨论与闲谈，了解从前互相模糊不清的文学世界，试图进行非西欧文学的联系与合作。我也与大陆的刘震云、毕飞宇、阎连科、王安忆、迟子建，台湾地区的朱天文、李昂等中国作家一起连续五年参加了这个论坛，感受到这是一个很有意义的论坛，但也总觉得实际效果远远不及翻译出版。因为各位作家与学者之间的交流受空间的限制,既不足以解决文化偏重的旧弊,也无法实现理想的文化全球化。真正的文化全球化是通过广大读者之间的相互交流和理解才能够实现的,为此,我认为,最具有实践力的就是文学翻译。我翻译中国当代文学作品,具有两个非常重要的动机与目的。第一个是给韩国作家提供在韩国感受不到的文学滋养,和只有中国作家才具有的崭新的讲故事的方法及技巧,让他们写出具有更深刻的思考、更美丽的修辞和更动人的感情的好作品来。至今,韩国作家们与读者一样"偏食西餐",很严重地缺乏"中餐"或"其他地域饮食"所提供的营养,结果也缺乏多元化的思考模式。在这方面中国当代文学会成为韩国作家们吸取丰富资源的理想宝库。

雅克·德里达(Jacques Derrida)曾说"翻译是在自我与他者之间的一种差异游戏",任何翻译都必然出于跨文化交流的需要。我相信通过这种努力,既能够完善韩国当代文学的本土性,又能够加强全球性。我翻译中国

2018年,"国际写作计划"走进思南读书会

当代文学的第二个目的，是为与作家们一样一直"偏食西餐"的广大韩国读者提供"中餐"丰富多彩的香味，让他们享受从来没尝过的中国文学所散发的香气，更加深刻地了解中国、中国人和中国文化。中国是个地大物博的大国，国土面积是朝鲜半岛的40多倍，人口是包括朝鲜在内的整个朝鲜半岛人口的20倍，具有丰富多彩的自然及人文环境，也具有五千年的悠久历史，是当今全球化最重要、最具力量的动力之一。所以，让韩国人正确地认识中国，消除一些对中国的刻板认知是当务之急，但这仍然是一件不太容易的事情。王德威（David Wang）曾说："在泪与笑之间，小说曾负载着革命建国的使命，也绝不轻忽风花雪月、饮食男女的重要性。小说的天地兼容并蓄、众声喧哗。比起历史政治论述中的中国，小说所反映的中国或许更真切实在些。"阿尔贝·加缪（Albet Camus）也曾说："我们的人生并不是以理论来被记忆的，而是以风景来被记忆的。"我认为，翻译是解释学的一种方法论，所以不会有不可翻译的文本，只有被翻译的原始文本与译文之间的一致性或逼真性的问题。翻译最重要、最本质的功能是保证被翻译的文本内容和含义的本来面貌，用其他语言和另一种修辞系统来传达给读者。但是每种语言各有其独特的、不可代替的修辞系统，通过翻译使一种语言的文本不做改变、没有损伤，完完全全改成另一种语言的文本是不太容易的事。因为所谓修辞不是局限于语言本身的层次，而是指结合一个语言系统里面的文化、思维、表现习惯和历史记忆等所有因素的总和。比如把汉语固有的修辞技巧之一的谐音、古典诗歌里的押韵、自古以来从中国人的生活和经验中凝成的故事成语等翻译成西方语言肯定不是一件容易的事情，会发生各种各样的转换和变形。在这个过程中，文本上无法避免会有损伤和歪曲。但是，无论如何，尽可能使原文与被翻译文本之间相差最小化是译者最重要的任务。举个例子，有人把汉语"豆浆"和"油条"翻译成"豆乳"和"油炸饼"，一般读者如何理解此两样食物？很多读者会想，原来中国人也与韩国人一样吃这些东西，难道这不是对原文的歪曲或损伤吗？难道这不是缩小或破坏豆浆和油条这两种食物包含的文化含意吗？我想在这一部分，

参加中国文化译言网举办的研讨会

与其找类似的等价物稀释其文化的细节，不如直接译为豆浆和油条，然后附上简单的注释来加以解释。因为韩国人阅读中国小说的目的不是找中国与韩国的同构性，而是想直观中国，了解更纯粹的中国。当然，中国人常喝的豆浆与韩国人常喝的豆乳是大同小异的食物，但喝的时间与地点、制作方法与其文化的内涵都是截然不同的。那么，把有一部分截然不同的内容译成大同小异，是不是非正常的翻译？是不是一种对译本的破坏呢？任何语言之间基本上没有不可翻译的，只有一点点的差异。尽可能使差异最小化也是译者的最大任务。

我翻译中国当代文学作品也是为韩国读者提供文学中国之风景，同时对我个人来说，也是理解中国最具体、最有效的途径。

有关这个问题，还要提到的一点是中韩文化的同根性。朝鲜世宗大王于1443年创造韩文（当时称为"训民正音"），于1446年农历9月上旬全面颁布使用，同时作序说："国之语音，异乎中国，与文字不相流通。故愚民，有所欲言，而终不得伸其情者多矣。予为此悯然，新制二十八字，欲使人人易习便于日用耳。"在这一句话里我们能够很明显地发现世宗大王创造韩文的重要动机之一，是实现与汉语更大幅度的、更加通畅的疏通。这是明明白白的历史上的、学术上的事实，也是象征中国文化与韩国文化亲缘性和同根性的重要标识。但是韩国的不少学者，尤其是韩语学者不承认这个事实，听到这种说法就会很生气，盲目地反对。光看朝鲜王朝五百年的历史记录，我们不难知道，朝鲜的整个国家系统都是学习中国的，甚至作为韩国文化的绝对媒介，韩语也是以中国古代汉语为基础创造的。这种历史经验形成一种文化的基因，这个基因让韩国社会非吸收中国文化不可，所以，慎重地选择中国文学及文化读本，认真翻译它们，才是译者的责任。商业社会的喧嚣和城市化进程改变了人们的生活方式，精神空间被过分侵占，那么，守候这仅有的精神空间将更加有意义。一个时代的人性、民众的精神趣味，都要靠文学得以保全。这是我们需要交付于未来时代的一个精神火种。这也是理性地理解不同文明背景下产生的文化差异与思想差异的渠道之一。无论如何，汉语与韩语之间有着明显的亲缘性与同根性，把汉语文本翻译成韩文时容易产生两面性，正面现象是被翻译的韩语文本与汉语原文之间的差异不大，能保持原文的正确意味、意象和神韵等，负面现象是因这种亲缘性与同根性很容易发生误译。韩语里面的汉语成分大概占百分之七十以上，共享的词汇非常多，同词异意的也不少。比如"深刻"这一词汇汉语与韩语都用，其意思却截然不同。汉语的"深刻"意味着思想或作品的内容很有深度，韩语的"深刻"意味着某种负面现象很严重；再比如汉语的"恍惚"意味着"朦胧"或"隐隐约约"，韩语的"恍惚"意味着"引人入胜"；汉语的"一网打尽"既有褒意也有贬意，韩语的"一网打尽"只有贬意，主要用于表现捉拿罪犯。汉语与韩语之间的这种用词的分歧不计其数，但是有些人没有做区分，盲目混用，因此经常发生误译。

除了这种同词异意的问题之外，当代汉语的扩展变化也造成翻译的困境，这种扩展与变化都反映着中国固有的文化现象。比如"忽悠""山寨"等词语则不加注释就不容易翻译，"领导"（在一个组织里具有发言权的人）、"隔壁"（论坛中的另一个主题）、"菜鸟"（初级水平的新人）等隐语、俗语或网络用语也很容易引发误译。还有"520"（我爱你）、"065"（原谅我）、"847"（别生气）等由数字代替文字的表现，也有"BB"（宝贝）、"BT"（变态）、"PK"（砍人）等由英文字母代替汉语词语的。语言是有生命的，随着社会与生活环境的变化而不断变化，反映出新的社会及生活的风景。解决因语言的这种变化与扩展而发生的各种翻译的困境，译者采用的唯一措施是尽量接触新生或变化的语言表现，保持与语言变化的同步性。

我碰到的第三个困境是态度问题，这也是翻译的定位问题。美国诗人和文学评论家埃兹拉·庞德（Ezra Pound）曾说过"翻译是对一个作品的二次创作"，但我不同意这句话。我想即使添加一些修饰词汇，翻译也不会是创作，也不该成为创作。与其质量无关，创作就是创作，而翻译永远只能是翻译。从本质上来看，翻译是修辞的转换过程，是一种相当透明的工作。所谓修辞，是指结合了一种语言所使用的历史记忆、文化、思维及表现习惯等因素的语言系统的总和。将拥有不同修辞体系的文章所包含的思想、主题、色彩以及形象，最大限度地以另一种语言展现出来，这就是翻译。翻译是需要以转换的完整性为前提的。如果没有这个前提，翻译只会歪曲、破坏原来的文本，而修复原文同译文之间的偏差的任务则转移到了读者身上。当然，翻译也有一定的缺陷。无论是将翻译比喻成《圣经（创世纪）》中亚当与夏娃的神话的李奭学理论，还是柏拉图的模仿学说，都认为翻译是"对原作的模仿"。根据这一理论，就像诗歌是对自然的模仿、翻译是对原作的模仿一样，诗歌在模仿自然的过程中会有失真的部分，同样，翻译过程中也会出现破坏原作的情形。结果，翻译就成为破坏原作真实性的行为。然而，瓦尔特·本雅明（Walter Benjamin）在《译者的任务》一书中，提出了"可译性"这个问题。在将中国东晋时代诗人陶渊明的诗歌翻译成英文的时候，英国人很难流畅地朗诵出来。反过来，将拜伦或雪莱的诗歌翻译成中文，中国人也同样无法从中感受到如李白、杜甫诗歌中体现出来的雅趣。究其原因，是因为每一种语言都有其自身的特色，这是另一种语言无法表现出来的。但是，把翻译的这种缺陷作为借口，将翻译看作是"文本的任意转换"，那么，所有的译文都必然成为原文的歪曲与破坏。实际上，这种现象正在中国当代文学作品的翻译中蔓延。人们并没有将对原文语言、文化的透彻理解作为基础认真翻译，而仅仅是将注意力集中在了表层词义的转换，为了尽早出版而随意翻译，这无疑是破坏了中国当代小说中优美修辞与作者的深层思考。结果就是，尽管出版社竭尽全力，但低质量的翻译使中国当代小说在韩国读者心目中并没有树立起良好而正面的形象。在"Yes24"等韩国的几家大型网络书店上架的中国小说，读者的书评大多是负面的。中国当代文学作品的销量也不是那么理想，出版社也不愿再冒风险持续销售。翻译的质量不高就会破坏作家及其作品形象，破坏其在韩国的市场，也会给出版社造成巨大的损失。糟糕的翻译等于自残行为，正是因为这种恶性循环不断持续，所以，在韩国市场中的中国当代文学作品的基础并不是非常坚固。为了改善这种现状，并且为了使中国当代文学在以欧美作品为主流的翻译作品市场中占据重要地位，尽管需要出版社积极的营销计划，但译者认真且具有责任感的翻译才是最为迫切的。

我碰到的第四个困境是译者的地位问题。在韩国翻译一本书不如写一篇论文，翻译一本书的报酬水平是很低的。我认为，翻译是文学的仆人，或许会成为耀眼的仆人，但究其本质来讲，并没有任何改变。就如《红楼梦》的金陵十二钗中，虽然有林黛玉这样的大家闺秀，但也有紫鹃这样的婢女。她们按照自己的身份在《红楼梦》中一起分享悲伤与喜悦，也正因如此才能够显现出《红楼梦》的审美情趣。与其他艺术形式相同，文学也需要依靠读者来完成，而在向读者传递的过程中，作为文学仆人的译者的工作就显得尤其重要了。翻译也是一种服务，仆人的本分就是要服侍好主人。如果家里只有主人没有仆人的话，生活就无法正常继续下去。在文学的交流中，就需要译者诚实地提供服务。应当重视作为一种服务的翻译的功能与重要性，随之，来自社会的期待与评价也应该有所提高。如果不是这样，读者所接触到的译文只会是一大堆误解而已。作为一名译者，应当具有两种语言的修辞能力、背景知识以及严格要求自己对翻译持有认真诚实的态度，要对翻译文本具有责任感与喜爱之情，要提高译文的可读性。没有这种意识与努力的人，是绝对不能称之为好译者的。当今中国文学作品的翻译与出版，其作品的选择过程中著作权的保护、翻译及流通的全部过程都是根据商业性原理进行的。这样一个过程中，译者只是根据合同与出版商的要求，提供翻译服务的一个媒介而已。在韩国市场，中国作品无论是市场规模还是读者反响都不如日本作品，其原因也在于此。为了改善这种现状，从作品的选定到翻译、流通的全过程中，译者应以饱满的热情与责任感参与其中。如果出版商与译者的关系只停留在交易层面上的话，翻译就不是文学的仆人，而是门外的手艺人而已。

我最近碰到的威力最强大的困境是时尚因素。世界正在成为一个地球村，全球化成为这个时代所有生活的背景。语言的多种形式长期内必将共存。对于不同的语种文明，首先在精神层面，语言的翻译解决了人类在各种领域交流需求，使每一区域的文明更具体可感。我一直相信，一个人的教养、一个民族的教养很大一部分是仰赖语言来实现的，真诚无碍的语言交流是内心的映照。每种语言虽有不同形式，有不同发音，但表达着共同的真理和内涵，运用不好，是对文明、对他域之人在理性和感性上的双重亵渎。有史以来，被记忆的文明，基本靠语言承载，这是值得深思的现实。有关时尚的第二重意义是后媒体时代。不知道手机算不算是个媒体，但是它发挥着最普遍、最垄断的媒体功能。智能手机是一种综合性媒体，是媒体的黑洞，能够制伏所有的传统媒体，以至于书和杂志都在慢慢地走向没落。手机已变成人们生活的主要动力甚至是生活的全部，结果由人性与文化传统控制的书远远离开我们的生活，由资本控制的手机代替了那个空白。手机里的东西刺激人的神经，提供瞬间的快感与效用，也是被资本强制，走向资本的。所以越多地使用手机，我们就越成为资本的奴隶，我们的阅读、生活和文学的空间也就越小。这种负面现象，韩国比中国更严重且悲观，这是两国都必须克服的。面对当前这种时尚的困境，所喜的是近几年韩国的两家出版社（文学村与银杏树）几乎同时创刊了全新类型的文学杂志，虽然其内容包括严肃文学、大众文学、漫画、古典音乐、电影、旅游、饮食、男女等有关日常生活的多元层次，但是依然以纯文学为主。封面设计和装订也与现存的传统杂志全然不同，能够同时满足许多阶层读者的趣向。这种新媒体的创刊是针对智能手机时代的，对恢复传统的文学阅读习惯有很大贡献。文学本身不能太大众化，也不该太大众化，但是文学的传播方式应该多多大众化，让更多读者能够接触文学作品，能够通过文学使生活变得更加美丽、丰富。为此，我们必须创造符合新时代、后媒体时代的更加大众化的新媒体，同时对旧媒体运用系统进行合理的改造。

　　无论如何，我会继续翻译我所喜欢的中国文学作品，一直在中国的故事里活下去。有一句韩国谚语，"虎死留皮，人死留名"。我并不在意死后是否留名，因为韩国不少图书馆都会收藏我的译作，能够通过这些书继续给韩国读者提供中国故事的魅力，足矣。

第十届中华图书特殊贡献奖颁奖现场

1996年，我顺利考入埃及名牌大学艾因夏姆斯大学。那一年，江泽民主席访问了埃及，苏伊士运河西北开发区开始建设，中埃外交关系出现了一个高潮。我拿到了艾因夏姆斯大学在艾斯尤特省唯一的中国语言专业招生名额。入学后，我开始学习汉语。起初，我感觉汉语非常难学，一度想打退堂鼓。在父亲和两位兄长的鼓励下，我刻苦努力，逐渐找到了学习汉语的乐趣。当年艾因夏姆斯大学招生70多人，而毕业的只有50多人。

——哈赛宁（埃及）

我的中国故事
海外学者的中国缘

阅读中国

哈赛宁（埃及）

哈赛宁（Hassanein Fahmy Hussein），埃及著名汉学家，1979年生于埃及南部的艾斯尤特省，2000年，毕业于艾因夏姆斯大学中文系，2008年，获得北京语言大学博士学位，现任埃及艾因夏姆斯大学语言学院中文系副教授，同时，兼任沙特苏欧德国王大学语言与翻译学院中文系主任、鲁迅、莫言国际研究会理事。2013年，他获得埃及文化部国家翻译中心"青年翻译奖"，2016年，获"中华图书特殊贡献奖青年成就奖"。他先后翻译了30多部中文图书，包括莫言《红高粱家族》《透明的红萝卜》、余华《许三观卖血记》《活着》《手机》《吃瓜时代的儿女们》以及《中国当代女作家作品选》《中国饮食文化》《经济改革新征程》《中国阿拉伯文化交流史话》等。

1979年11月，我出生在埃及南部艾斯尤特省一个隶属于阿勒嘎纳耶姆城，叫作阿勒阿宰兹阿的村落。这个典型的尼罗河河谷村落距离埃及首都开罗约有400公里，距离卢克索历史古城约300公里，距离埃及金字塔约有250公里，到埃及西部沙漠也很近。尼罗河从距村子20多公里远的地方流过，村民灌溉和生活用水依靠尼罗河，尼罗河滋养着我们的一切。

我记忆中的故乡，每天清晨在宣礼塔（晨礼）的呼唤中苏醒，开始喧闹的一天，大人们在田地里劳作，孩子们在树荫下、渠水中嬉戏。年复一年，那些养育我们的小麦、棉花、玉米、甘蔗、花生在烈日下坚强地生长着。像中国人是黄河、长江的儿女一样，埃及人是尼罗河的孩子。我记忆中的村子就像一个小社会，既有质朴的风俗和乡亲，又有复杂和纠结的邻里关系，人们为了生存，每天重复着简单而又繁杂的生活。

我的家庭是个传统的阿拉伯穆斯林家庭，父母都是没有上过学的普通农民。虽然没有受过高等教育，但他们对子女的教育十分重视，想方设法地让自己的儿女读书。家中兄弟姊妹共有九人，我排行老三。由于那时经济条件有限，我的两个哥哥只读到了中专。父母和两个哥哥对我的生活、学习帮助很大。现在，父母已经70多岁了，身体依旧健康。他们故土难离，至今仍在老家生活。

艰苦的条件是我生命的起源，也是我成长的动力。并不富裕的家庭，激励着我努力学习、改变自我、改变生活。刚懂事的时候，我就听闻了一些埃及著名人物、知名学者和作家的故事，像埃及第二任总统贾麦勒·阿卜杜勒·纳赛尔、埃及现代著名作家穆斯塔法·曼法鲁提、麦哈莫德·巴达维等，他们的事迹或作品在民间广泛流传。他们是我少年时代的偶像和榜样，我暗下决心，要向他们学习，长大后做一个对社会有价值的人。

我的成绩很好，小学、初中和高中一直是全校第一名，成了父母的骄傲。我对语言特别敏感，在学习英语和法语的时候，进步很快。那时候，我对外面的世界充满了期待，见到外国人就主动搭讪。我最早接触中国人是在卢克索①。那是在1995年，即我读高中的那一年。当时，我和三名同学参加了省里的一场知识竞赛，结果，我们三人团队获得了艾斯优特省高中学校第一名，继而又被安排到历史名城卢克索，参加了为期一周的全国知识竞赛。在卢克索，我们遇见了来自中国香港的一个旅游团体。于是，我主动用英语和他们打招呼，这是我第一次与中国人交谈。得知他们来自遥远的东方：那个李小龙、成龙电影中所描述的国度，那个使用针灸、筷子的民族，那个有长城和兵马俑的像埃及一样悠久的东方古国。

1996年，我顺利考入埃及名牌大学艾因夏姆斯大学。那一年，江泽民主席访问了埃及，苏伊士运河西北开发区开始建设，中埃外交关系出现了一个高潮。我拿到了艾因夏姆斯大学在艾斯尤特省唯一的中国语言专业招生名额。入学后，我开始学习汉语。起初，我感觉汉语非常难学，一度想

---

① 卢克索，埃及古城。位于南部尼罗河东岸，开罗以南675公里处，是埃及的古都、历史名城及著名旅游景点。

打退堂鼓。在父亲和两位兄长的鼓励下，我刻苦努力，逐渐找到了学习汉语的乐趣。当年艾因夏姆斯大学招生 70 多人，而毕业的只有 50 多人。

2000 年，我以班级第一名的成绩，在艾因夏姆斯大学语言学院中文系毕业。同年 12 月份，我选择留校做了讲师，后来又在艾因夏姆斯大学继续攻读硕士学位。2002 年，我被派往位于中国北京的北京语言文化大学（现北京语言大学）学习，为期近一年。从那时开始，我开始真正对中国有了切身的认识和系统性了解。2005 年，我获得了埃及艾因夏姆斯大学中国语言文学专业硕士学位。2005—2008 年，我在北京语言大学攻读"比较文学与世界文学专业"博士，师从高旭东教授。2008 年，我获得了北京语言大学博士学位——这是北京语言大学第一次把博士学位授予一个来自埃及阿拉伯国家的学生。我前后在北京语言大学学习了 4 年，其间游历了许多中国城市，结识了很多中国朋友，也得到了许多师长的关照。

2008 年，博士毕业以后，我一边在艾因夏姆斯大学语言学院中文系教书，一边从事中国现当代文学和文化的研究与翻译工作。在这八九年间，

2008 年，在北京语言大学获得博士学位

阅读中国

我翻译了各类中文著作20余部。文学类的作品有当代作家莫言的《红高粱家族》和《透明的红萝卜》、刘震云的《手机》和《吃瓜时代的儿女们》、余华的《许三观卖血记》和《余华短篇小说选》，《中国当代女作家作品选》（收集了张洁、铁凝、残雪、迟子建等作家作品）、少数民族作家阿舍的《逃奔的骨头》、平原的《风往北吹》、回族作家了一容的《挂在月光中的铜汤瓶》、回族作家马知遥的《静静的月亮山》、刘宾编选的古代维吾尔族学者优素甫哈斯哈吉甫所著的《〈福乐智慧〉箴言选萃》，也包括了傅谨的《二十世纪中国戏剧导论》、张仲年的《中国实验戏剧》等；历史类的作品有《中华5000年历史故事》、宋岘的《中国阿拉伯文化交流史话》；生活类作品的有周玉奇的《扇之韵》、乔玢的《玉之赏：生活图赏》、谢定源的《中国饮食文化》等。

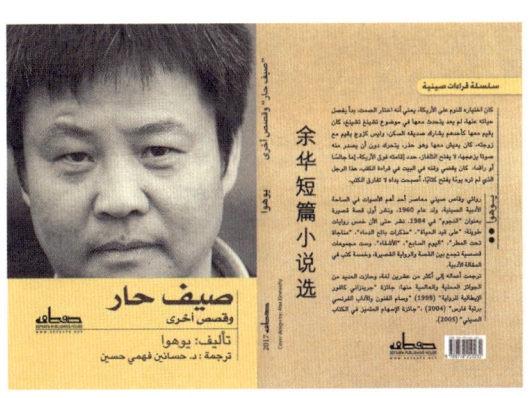

刘震云作品《手机》 阿文版封面　　　　《余华短篇小说选》阿文版封面

　　自1996年考入埃及艾因夏姆斯大学中文系以来，我对中国及中国文化的兴趣越来越浓厚。大学本科时期，除了学习各种课程内容外，我经常抽空泡在我们系的图书馆里，阅读不同类型的中文图书。起初，我只是阅读最简单的汉语教学及译成阿拉伯语的中国图书，后来，我利用业余时间看了很多有关中国文化包括风俗习惯、节日、历史人物、文学大家等方面的书籍。

2000—2002年，我在艾因夏姆斯大学语言学院中文系上了两年的研究生预科班，主修语言学导论、翻译学、文学批评方法、中国现当代文学史、中国文化专题、汉语古文等课程。结束两年预科课程后，我确定自己的硕士毕业论文题目为《中国现代儿童文学》。2002年8月，怀着"学问虽远在中国，亦当求之"的志向，我第一次到中国进修并收集硕士论文相关资料。

2005年，我被埃及政府派往中国，攻读博士学位。热爱文学的我，选择研究"中国阿拉伯比较文学"，在博士生导师的鼓励与指导下，我的博士论文选定"现代中国文学在埃及"为主题。这个主题，正是我深入中阿文化、文学交流的重要窗口，通过这篇论文，我结识了对促进和丰富阿拉伯、埃及与中国文学的文化交流做出较大贡献的诸多人士，包括埃及、叙利亚、巴勒斯坦和中国的作家、学者、外交官等。我在《现代中国文学在埃及》博士论文中，研究并总结了埃及学界研究、翻译、介绍中国现代文学的整体状况，详细梳理了鲁迅作品在埃及及阿拉伯国家的传播、研究和影响，包括对埃及和叙利亚两位作家的影响。论文中，还对鲁迅、老舍、巴金、杨沫等中国作家作品与埃及几位作家作品进行了比较研究。2020年初，我将自己的博士论文《现代中国文学在埃及》译成了阿拉伯文。这篇论文不仅在埃及以阿文出版，也在中国社会科学文献出版社以中阿文对照版出版。据我所知，这是第一部由阿拉伯学者用中文撰写并在中国出版的著作。这部作品自2008年完成以来，已成为很多研究中阿

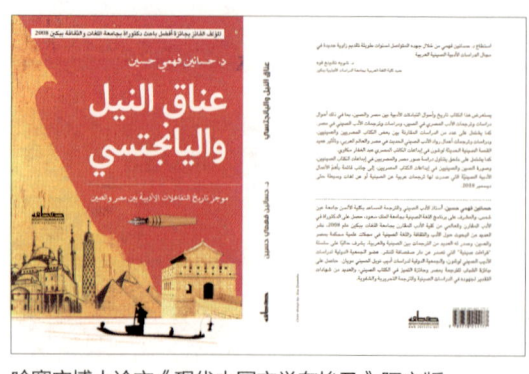

哈赛宁博士论文《现代中国文学在埃及》阿文版

及中埃文学与文化交流相关论文的参考文献。山东教育出版社2015年出版的"国家出版基金项目"《中外文学交流史：中国—阿拉伯卷》[1]以较大篇幅论述了《现代中国文学在埃及》一书在中阿文化及文学交流史上的作用与重要性。

2013年1月，埃及文化部国家翻译中心出版由我翻译的莫言的《红高粱家族》阿拉伯语版，这是第一部译成阿拉伯语的莫言文学作品。可以说，《红高粱家族》阿拉伯语版的出版推动了中国当代、新时期文学作品在阿拉伯世界的翻译高潮。因此，中国文学的翻译成为中阿文化交流的重要组成部分。自《红高粱家族》阿拉伯语版在埃及出版以来，据不完全统计，已有50多部中国现当代文学作品被译成阿拉伯语，在阿拉伯各国出版。值得一提的是，与二十世纪中国文学在阿拉伯世界的翻译情况不同，进入二十一世纪，尤其是2013年以来，大多数的中国文学作品及大量的中文图书都是直接从汉语译为阿拉伯语的。

莫言《红高粱家族》阿文版封面

2012年，在高密与莫言合影

2000年以前，阿拉伯世界只有埃及艾因夏姆斯大学语言学院设有中文系，随着中阿关系的不断发展及"汉语热"在世界各地的兴起。2000年之后，埃及多所大学，以及沙特、阿联酋、约旦、苏丹等国也都纷纷设立中文系或汉语专业，培养了一大批精通汉语的青年翻译人才，他们中大部分

---

[1]《中外文学交流史：中国—阿拉伯卷》由郅溥浩、丁淑红、宗笑飞著。

人都有到中国大学进修的经历。通过在中国大学的进修，他们的汉语水平得到了提高，对于中国文化、社会与当代中国也有了更深刻的认识。

2014年，我被派到沙特苏欧德国王大学语言与翻译学院汉语系工作。我一边教学，一边继续我的翻译工作，除了给沙特领导人与政府高官做同声传译外，还在沙特等海湾国家努力传播中国语言文化。2016年1月，由我本人翻译的《中国阿拉伯文化交流史话》由沙特苏欧德国王大学出版社出版，这部作品是沙特国家层面主导和支持的第一部汉译阿作品。以往的作品基本上都是伊斯兰宗教经典往中国的单向输出，这本书可以说是中沙图书交流的重要里程碑。其间，我多次查阅资料、请教他人并反复推敲，最终得以顺利完成。这本书涉及古代丝绸之路的发展历程，引用了许多古汉语。我自认为，这是我翻译生涯中最有翻译难度的一部书。书中记载的很多内容是沙特普通学者所不知道的，书中讲述中国航海家郑和在600年前曾经去过麦加天方（房），这激发了许多阿拉伯人对中国的兴趣。这部书出版时，适逢中国领导人访问沙特，这本书在沙特学界引起了关注，有沙特学者提出"我们究竟对我们的中国朋友知道多少"，并提出加大"向东看"

哈赛宁获得埃及文化部"青年翻译奖"

的力度和对中国社会、中国文化研究的建议。

  2016 年，我与埃及丝福萨法出版社合作出版了"阅读中国"系列。"阅读中国"系列主要介绍有关中国文化、文学、经济、社会和当代中国等方面的内容。通过埃及和阿拉伯汉学家、翻译家、学者较全面地翻译介绍有关中国的各类学术著作和文学作品，来填补阿拉伯地区翻译和研究中国的空白。到目前为止，这个系列已推出 30 多部图书。2020 年 1 月份，由"阅读中国"系列的翻译成员哈贝·萨米尔翻译、我本人校对的中国当代作家赵丽宏的《渔童》阿拉伯语版获得了"2020 年埃及开罗国际图书展翻译奖"。

  今后，我愿意做中阿交流的桥梁和使者，在埃及、沙特乃至整个阿拉伯世界继续传播中国语言文化，以此促进中阿之间的友谊与各领域的交流合作。

2016 年，哈赛宁获得"中华图书特殊贡献奖青年成就奖"

成语这面镜子常常让我看到这个大千世界的一些新景象和新色彩，让我从另一个角度来认识这个世界的多面性。学会汉语的最大收获就是，可以用汉语的"立场"配合我的西方语言背景，去更加全面立体地观察、分析西方世界的种种现象。

　　汉学博大精深，学而不尽。汉语是一个绵延流长的源泉，终生饮用不尽。

——胜雅律（瑞士）

从"中文"到"中国"

胜雅律(瑞士)

胜雅律(Harro von Senger),瑞士著名汉学家、中国法律研究专家,生于1944年,热衷于研究中国法律,于1969年,在苏黎世大学法学院发表了第一篇名为《传统中国买卖契约专题研究》(*Kaufverträge im traditionellen China*)的论文,这是由瑞士人写的关于中国法律的博士论文;1989年,任德国弗莱堡大学汉学系终身教授。1982年起,任瑞士比较法研究所的中国法律研究顾问。1986年,通过他的推荐,研究所给中国法学专业的博士生黄建(曾任中国政法大学校长)一年的奖学金。1989年,他向研究所推荐邀请曹建明先生(曾任中华人民共和国最高检察院院长)到研究所进行短期深造。

火星和中国

我在瑞士一个叫作威勒采尔(Willerzell)的村子里出生、长大。在我年轻的时候,瑞士教育制度很简单,只有小学、中学和大学,中学没有初、高中之分。我上了4年(1951—1955年)的小学。

小学毕业后,我在小镇上读了8年(1955—1963年)的中学。在小学到中学的12年里,中国从来都没有成为一个话题,就算是在地理课上也很少被提及。在中学里,德语、拉丁语、古希腊语、法语和英语都是重要的科目。这激发了我对外语的兴趣。中学七年级的时候,我开始自学俄语,当时,我经常向一位精通多种语言的老师请教一些关于俄语的知识。

中学时期,我在报纸上看到一篇关于火星频道的文章,这让我非常着迷。文章中谈到一个沉没的火星文明:"在远古时代,面临着毁灭性威胁的火星人逃亡至地球,中国人可能就是火星难民的后裔,为什么这样说

从"中文"到"中国"

胜雅律在瑞士的家毗邻一个湖泊

呢?因为中国人与地球上其他国家的人完全不同。"中学二年级的时候,我曾写过一篇有关火星频道的文章,文章中提到中国人,并引用报纸上的说法,即中国人与地球上其他国家的人是完全不同的。当然,这篇文章是我无知的产物。

外星人的语言?

1963年夏天,中学毕业几周后,我的父母收到了来自德国柏林且在我们镇上短住的一对夫妇的邀请。一天下午,我与我的父母拜访了这对夫妇。这对夫妇允许我翻看他们书柜里所有的书。由此,我发现了一本有关汉语会话的语法书。

这天下午,我第一次与汉语接触。我觉得这本书十分有意思,便马上请他们把书借给我。这本书我保留至今,一直都没有还给原主人。回到家里之后,我阅读了这本书。首先,我阅读了拉丁文部分。其中两个词语吸引了我的注意力,即"či1"(妻)和"či1"(鸡)。

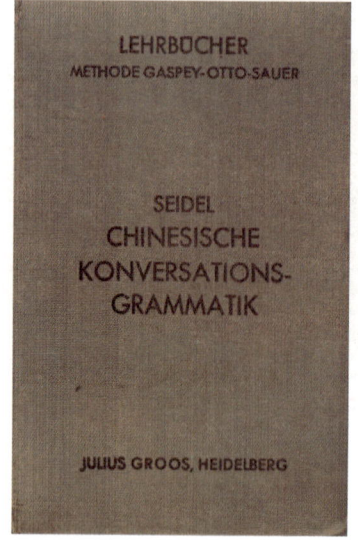

"妻"和"鸡"这两个汉字只由č和i组成，这让我格外惊讶。那个č'i当中的隔音符号"'"，我没有注意到。我只注意到"č'i"和"či"包含着两个字母。如何在说话时区分这两个词语？举一个例子，一个丈夫想给朋友讲述发生在他妻子身上的故事，如果他的发音不准，朋友会不会认为他讲的是有关鸡的故事？这充满了极其浓厚的神秘感，让我无法想通。

我看了拉丁文字的部分后，紧接着发现，书的最后，有一个"最常见的1500个汉字"列表。就这样，我平生第一次与汉字相遇。在这之前，我从未见过汉字这种形状的文字。我认为，汉语是一门非常特别的语言。它和古希腊语、拉丁语及我所认识的其他西方国家的语言是如此的不同，以致我认为，这样一个神奇的语言是否来自外星球。我问自己："我们欧洲人的头脑是否能够理解如此不同的语言？""它与我所熟悉的印欧语言会有相似之处吗？"我的好奇心就这样被激起。

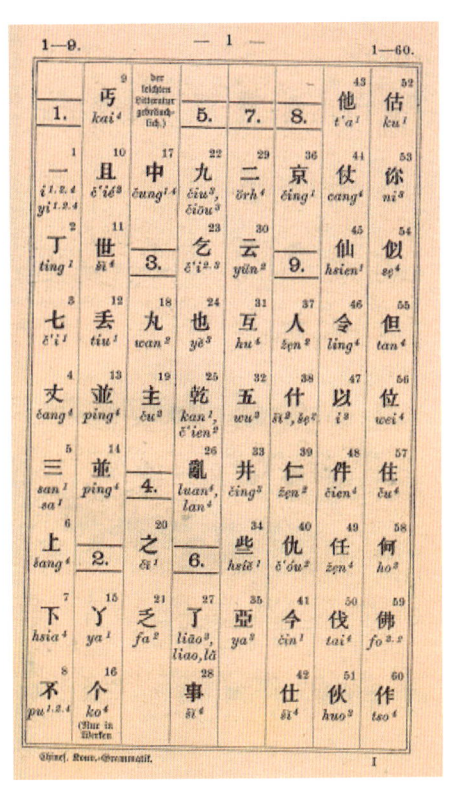

图书中的常用汉字表

  我对中国的兴趣完全是出于我对这门语言的好奇。当初，我对中国几乎一无所知，对于中国的历史和文化也并没有太大兴趣。我更不知道中国有如此悠久的历史和文化，只知道中国拥有一种完全超乎我想象的语言。

中文中的"Schweiz"和"Zürich"

  1963年冬季，我就读于苏黎世大学法学院。当时，法学课程的第一学期所修的一般都是关于各国的法制史，如古代罗马法、瑞士及德国的法制史，而不涉及正在现实生活中实施的法律知识。虽然这些课程让我觉得很无聊，但我仍不愿放弃法律专业。为了克服这种无聊，丰富我的学业，我开始进修俄语课程。在俄语课堂上，我遇见一位来自澳门的华人。在遇到他的那一刻，我立刻想起那年夏天借过来的有关汉语会话语法的书。我拿了一张纸问他："可否用中文写'Schweiz'？"他在那纸张上写了两个字，即"瑞士"。我紧接着又问他："这两个字也能说出来吗？"他便用中文发声道："ruishi。"我又问他："你能用中文写'Zürich'吗？"他写了三个字，即"苏黎世"，然后，应我的要求又读出这三个字。在此之后，他便成为我的中文老师。在他的建议下，我买了一本当代中文教科书。后来，我邀请他到乡下我的家里做客，我们聊了很多关于学习汉语的话题。之后，他很快就离开了苏黎世，离开之前还给我介绍了另一位名叫陈瑞华的来自澳门的华人。当时，陈瑞华正在准备毕业论文，需要一个以德语为母语的人来帮助修改论文中的德文部分，因此，与我的结识令他非常高兴。他用毛笔和墨水给我上中文课，并邀请我去苏黎世的中餐馆——我第一次去中餐馆，就是与他一起去的。这个餐馆被称为"香港"，于1958年开业。有了这次吃饭经历，1964年8月4日，我在日记中也就有了这样的记述："我不会用筷子吃饭。"

　　1964年春季，我试图在苏黎世大学法学院图书馆寻找一些关于中国法律的书籍，很遗憾最后没有找到。因此，我以想填补空缺、撰写一篇有关中国法律的博士论文为由，向我的父母提出邀请陈瑞华到家里小住一两个星期。

　　1964年夏季，我选择了"汉学"作为选修课，当时非常稀缺汉语教师，只有一位女讲师阿里安妮·朗普（Ariane Rump）（1933—2016）。与此同时，我继续向我的中国同学陈瑞华学习中文。1969年，我完成了第一篇由瑞士人写的关于中国法律的博士论文——《中国传统买卖契约专题研究》。

跟实实在在的中国人相处

　　获得毕业证书后，陈瑞华离开了瑞士。我的另外一位同学便很贴心地给我介绍了一位来自中国台湾的学生胡侨荣。当时，他与陈瑞华一样，正在写一篇关于国际法的博士论文，因此，他也非常高兴能够认识一位像我这样愿意帮助他修改、润色论文的瑞士同学。从此以后，我们成为无话不谈的朋友。我们几乎每个星期见一次面，互相交流、学习，彼此激励。我经常邀请他来我家里做客。

1969年至1971年期间，我就职于苏黎世地方法院和苏黎世高等法院，并获得了苏黎世律师执照。出于好奇心，我决定前往中国，并在那里学习生活1年。我本以为1年的时间足以满足我对中国的所有好奇，结果却出乎意料，我在中国学习生活了整整6年。受"文化大革命"（1966年到1976年）的影响，前往中华人民共和国的通道被关闭。幸亏我认识胡侨荣，他来苏黎世之前，毕业于台湾大学法学院。他让自己90多岁的祖父做了我的担保人，在他的帮助下，我成功就读于台湾大学法学院。胡侨荣建议我申请在台湾大学法学院男生宿舍居住，他曾经也住在那里。申请通过后，我顺利入住男生宿舍，通过与3位中国室友两年的和睦相处，我的中文突飞猛进，同时，也看到中国人身上难能可贵的品德。

通过在瑞士时期与中国人的多年交往和在中国台湾与中国人一起生活的两年经历，我大大改变了以往对中国人的看法。与中国人接触之后，我完全不觉得中国人与地球上其他国家的人有什么不同。相反，在台北的学习生活，比在苏黎世要更加舒适自在。但同时，我也遇到了一些"中国特色"。

遇到一个反世界

我在台湾大学法学院选修了一系列的课程，写了很多课题报告。如庄子是道家重要的代表人物之一，因此，我决定写一篇关于庄子法律思想的研究论文。

在阅读有关庄子著作期间，我被所领略到的《庄子》一书中的精神而震撼。因为这种精神和我从古希腊、古罗马及德国文学作品中所碰到的英雄主义精神截然不同。庄子本人给我的印象是，他特别重视残疾人和无用的东西，把他们抬得比健康的人及有用的东西更高。庄子的这些论述使我感到很难过。他称赞软弱，而不是称赞强壮和健康。我早年深受荷马的《奥德赛》和《伊利亚特》、恺撒的《高卢战争》和歌德的《浮士德》等英雄作品的影响，所以，认为庄子的思想与欧洲思想完全不同。尽管弱者在《圣经》中也受到赞赏，但并没有像在《庄子》中那样突出。

对《道德经》看法的转变

除了庄子的作品，我还读过老子的《道德经》。起初，我对《道德经》中的箴言相当陌生，它与欧洲人的宏愿壮志是截然不同的。不过，20世纪90年代，经过数次阅读后，我恍然大悟，发现《道德经》中的思想在很多方面恰好是瑞士的一种超时代、超文化、超国界的大纲。从此以后，我觉得《道德经》很亲切，给我这样的瑞士人展示了一种崭新的"瑞士观"，让我更深入地了解了我的祖国瑞士的国家精神之所在。1999年，我初次在一所学校里做了一个关于"瑞士和道家"的演讲，那个演讲受到了一些媒体的关注，《东南瑞士报》对我的演讲进行了报道。

我曾几次与中国人讨论关于从《道德经》的角度看瑞士的观点。2010年6月11日，我在上海社会科学院发表了一篇关于"瑞士之道"的演讲。讲座结束后，我向在场的中国同事们询问了他们对我描写的《道德经》和瑞士之间关系的看法。关于"瑞士之道"，我还于2014年9月与北京大学哲学系教授王博进行了深入的交流与研讨。所有与我交谈过的中国教授或学者，都鼓励我以"瑞士之道"为主题写一本书。2017年5月，以《瑞士

从"中文"到"中国"

之道》为名的著作终于在著名的新苏黎世报出版社出版。

《瑞士之道》图书封面

与包括《论语》在内的其他诸子百家的著作不同，老子在《道德经》中，没有提及任何有关历史事件或历史人物。这就说明《道德经》具有超时代和超历史的极高思想层次。它超越了某个具体的地方或某一个具体的时代，因此，在任何时代、任何地点，不论是在东方或西方，都可以把《道德经》用作观察万物、分析问题，获取它深奥思想的启发和指导。

在《瑞士之道》这本书里，我引用了《道德经》中80多条语录来描写瑞士，使瑞士也终于拥有了一套治国理政的哲学。令人叹为观止的是，这套瑞士哲学不是由一个西方人或一个瑞士人提出的，而是由2000多年前的中国人提出的。

从东京大学到北京大学

在日本学术促进会的资助下，1973年至1975年期间，我继续在东京大学法学院研究中国法律史。

根据1974年的一项中瑞学术交流协定，作为瑞士公派留学生，我有幸获得了从1975年至1977年在中国进行深造的机会。如今的中国人认为，那是一段动荡的时期。但对于我这样一个来自瑞士的"工农兵学员"来说，那是一个非常有意义的时期。

刚到中国的时候，我在北京语言学院学习了几个星期。在那里，老师们对我的中文水平进行了测试，几个星期后，中国教育部决定把我转送到天津南开大学，但我拒绝了。后来，通过瑞士驻华大使

1975年10月9日，我与北京语言学院的师生们相聚在北京香山

从"中文"到"中国"

馆的努力，我于 1975 年 10 月被成功送到中国最高学府北京大学学习，并于毛主席逝世的 1976 年，开始研究毛主席逝世前后一年的变化。从一个外国留学生的角度来看，我认为，这两年是中华人民共和国成立以来最有研究意义的两年。

当时不说"毕业"而说"结业"，我坐在前排右二，在我的旁边有后任维也纳大学汉学女教授的苏珊娜·魏琳·史德希克

西方第一部有关"三十六计"的书

1988 年，我在瑞士发表了西方第一部有关"三十六计"的著作（参照：《"多从中国哲学思想中汲取营养"——访德国弗莱堡大学汉学系终身教授胜雅律》。本报赴瑞士特派记者方莹馨，载《人民日报》，2019 年 5 月 21 日，第 18 版）。我的研究并不是只停留在"三十六计"上，而是上升到了研究谋略的高度。因为"三十六计"是谋略这种处世艺术的一个组成部分。因此，于 2008 年，我出版了西方第一部关于谋略的书，即 *Moulüe–Supraplanung* [慕尼黑汉瑟（Hanser）出版社，2018 年第二版]。这本书介绍了中国的"两个一百年目标"（Chinas zwei 100–Jahresziele）。据我了解，这种简要的由

七字组成的说法，是 2012 年在中国出现的。

2011 年，由我翻译的《孙子兵法》德文版正式出版，这是第一本由瑞士人翻译的德文版本。这种翻译不是从西方战略角度，而是从中国谋略角度完成的。由于美国没有谋略方面的研究，一位美国人来到德国弗莱堡大学，选我为其博士导师，后来，他发表了西方第一部关于军事谋略学的博士论文。

开始研究中国马克思主义

在北京大学的那段时光，我每天阅读报刊中的各种文章和报告。这些刊物是我在北京大学附近邮政局订阅的。除了期刊文章中"三十六计"的角色以外，还有一点吸引了我的注意。那就是文章里一旦引用了马克思主义经典和毛泽东语录中的语句，就会用黑体字把它标示出来（如 109 页上图）。

读了很多文章和报告之后，我感受到，马克思主义有一种准法律的味道，因为它似乎像法律一样对现实生活起着某种指导作用。因此，在北京大学留学的第二年，我选修了哲学专业。当时，哲学就意味着马克思主义哲学和毛泽东思想。

我与在北京大学就读的许多西方学生不同，他们是"毛主义者"（maoist），而我是一名瑞士律师。当时，在中华人民共和国学习的只有两名西方律师，我就是其中的一位，另一位是澳大利亚毛派团体的成员——他欣赏当时的"阶级斗争"，而不是以一个客观的角度去观察中国的法律人士。那时，美国人无法在中国留学，因而在那个时代，没有一个美国人有我的经验。除了当时少数居住在北京的美国外交官外，美国人只能从书本上了解关于中国的故事。我可能是为数不多的西方人之一，也许是唯一一个中立的、受过西方司法训练的西方观察者，在中华人民共和国的大学里追求用中国人的眼光来理解中国的马克思主义。

从"中文"到"中国"

> 法国音乐家们对我国无产阶级文化大革命以来所创作的一些新作品，以及我国的古典音乐作品，都发生很大的兴趣，对我国音乐工作者在毛主席"古为今用，洋为中用"，百花齐放、推陈出新方针指引下所取得的成绩，表示由衷赞赏。

"琴声悠扬友情深：欢迎法国图卢兹国立乐团访华演出"（《人民日报》，1976年6月20日）

北京大学结业证书

    作为一名法律专家，我想通过学习中国的马克思主义哲学去了解中华人民共和国的政治是如何运作的。因此，在上课讨论的时候，我经常向教授提问，关于中国的路线、方针、政策等与马克思主义哲学的关系。通过一年的学习和回到瑞士之后两年的思考，我似乎理解了中国马克思主义作为行动指南的极大重要性。按照我的理解，一切官方的计划、措施、行为、活动都以主要矛盾为转移。

自 1978 年以来，我发表了不少有关中国马克思主义方面的著作和文章。2014 年 12 月，我在瑞士苏黎世大学和一位法学教授联合主办了一场为期两天的中国马克思主义研讨会，研讨会的论文集于 2016 年年初出版。基于我在北京大学的学习机遇，我成为西方极少有的重视和研究中国马克思主义的人士之一。我研究的题目就是"中国马克思主义"（德文："Sinomarxismus"；英文："sinomarxism"；法文："sinomarxisme"），而不是西方主流学者唯一感兴趣的"文化大革命"式的所谓"毛主义"。我认为专心研究所谓"毛主义"的同行们的眼光狭窄且保守，在我看来，他们走上了一条邪路，忽视了当代广大的"中国马克思主义"及其作为中国共产党的"行动指南"的重大意义。

第五大喜事

最后，我还想提一下自己在中国留学的一大收获。我在中国台北和北京的留学生活长达四年，其间最重要的成果之一便是学会了中文。在台北留学的时候，我听到一位老师提及中国自古以来有人生四大喜事的说法，即：

一、"他乡遇故知"，更进一步可以说"万里他乡遇故知"；
二、"久旱逢甘霖"，更进一步可以说"十年久旱逢甘霖"；
三、"洞房花烛夜"，更进一步可以说"光棍洞房花烛夜"；
四、"金榜题名时"，更进一步可以说"老儒金榜题名时"。

正当二十一世纪的今天，我想在此增加第五种喜事，即：

五、"老外通汉语"，更进一步可以说"在华老外通汉语"。

我认为，从完全不了解到学会一种不同文明的语言，整个过程如同襁褓中的婴儿成长为一个大人一样，并不是一件容易的事。想要了解一个西方文化圈以外文化的真实一面，唯有借助那里的语言与文字，而中华文明古老又相当独立且自成一体的文化资源，非常值得去开采一手资料。中华文化及中国的语言文字是可以赐予当代西方人"文化维他命"的精神食粮。

学习一种外国语言，可以采用多种方法，其中，频繁与话母语者交流是一个有效的方法。交流的时候，不但要听，一旦遇到自己不懂的字、词或短语就要马上问它的意思；仅仅这些还不够，为了避免忘记，最好拿一本小册子请朋友把其中自己不懂的字、词、成语、俚语等记录下来，闲暇的时候拿来温习。渐渐你会发现，自己储备的语言会越来越丰富。

汉语中有很多古语，尤其是成语——几乎在所有情景中都可以找到一个适当的成语来描述。成语的多样性就是汉语与德语之间最大的差别。一些成语可以说不是微型小说而是纳米小说，有的时候一个很长、很复杂的故事都可以凝缩成三四个字的成语。成语就像一面小镜子，其所反映的智慧、境界与西方语言及其背后所隐藏的思维方式往往不太一样。我只想举一个例子，即"三十六计"中的计名成语，在所有的西方语言当中都没有类似的一套成语。语言是打开现实的一把钥匙，如果没有这把钥匙，就打不开现实的门，就无法用语言表达这种现实，其结果就是无法思考、分析这种现实。

成语这面镜子常常让我看到这个大千世界的一些新景象和新色彩，让我从另一个角度来认识这个世界的多面性。学会汉语的最大收获就是，可以用汉语的"立场"配合我的西方语言背景，去更加全面立体地观察、分析西方世界的种种现象。

汉学博大精深，学而不尽。汉语是一个绵延流长的源泉，终生饮用不尽。

乘兴而来，尽兴而归

回顾我在北京大学的两年时光，我只能用一个成语和一句俗话来表达自己对中国的情感，即"回味无穷"和"乘兴而来，尽兴而归"。我由衷地感谢当时北京大学留学生办公室、北京大学图书馆、餐厅和其他服务部门热情友好的工作人员、平易近人的教授们，以及极其友好的中外同学们。

1976年1月，在石景山钢铁厂开门办学，中间是我在北京大学的室友刘生慧（已故），右边为负责我们工作的工人师傅

1976年春，在上辇大队开门办学，前排左一是北京大学历史进修班小组组长陈秀英、右二是丁则勤老师、右一是我

从"中文"到"中国"

北京大学图书馆某阅览室里,我坐在最后排,旁边是北京大学的三位干部

我想，任何发展中国家领导人都非常愿意了解，中国是如何用短短 70 年时间，从一穷二白到十几亿人口丰衣足食，再到默默成为东方巨人的艰辛历程。很多中国官员来访柬埔寨的时候都会说，柬埔寨就像八九十年代的中国，柬埔寨的国情与中国改革开放前的大环境、大背景有很多相似之处。我也非常同意这个观点，因此，对于中国八九十年代的发展政策，我非常感兴趣，发现有许多值得学习和借鉴的地方。经过四十年的改革开放，中国共产党领导的中国特色社会主义优越性越来越明显，这一制度对比西方一味强调民主政治更加注重民生、更能发挥人民的自主性。习近平主席提出的"一带一路"、构建"人类命运共同体"等倡议更是充满智慧和远见卓识。

——谢莫尼勒（柬埔寨）

我身上流淌着中国血液

谢莫尼勒（柬埔寨）

谢莫尼勒，柬埔寨作家、翻译家，获得"第十二届中华图书特殊贡献奖青年成就奖"；曾担任柬埔寨王家研究院孔子学院东方院长，2017年完成了《习近平谈治国理政》（第一卷）柬文版翻译及校对工作，已出版《诺罗敦·西哈努克时代的柬中关系》《孔子，无冕之王》等。

我身上流淌着中国血液

先说一个有趣的事情。2012年，我作为孔子学院柬方院长，与中方院长一同赴京参加先进集体颁奖礼。因为我长得较白，像一个中国人，工作人员误将我送到了中方宾客下榻的饭店，而把皮肤较黑的中方院长送到了外宾饭店。我开玩笑地说："误会就对了，因为我身上也流淌着中国血液。"的确，我的外婆就是从中国逃难去往柬埔寨的，我是第三代华人，我们这一代大部分人都讲潮州话和柬语，不会说普通话、写汉字。听祖辈们讲以前的故事，感觉他们就像是寄宿生一样寄居在别人的家里。他们在外面要讲柬语，只有在家里的时候，才能偷偷讲潮州话。而现在，中国强大了，在柬埔寨的华人学校也在不断壮大，在外面不会讲中文反而会觉得很惭愧。从担任院长的第一天起，我便每天主动学习中国文化，并且结交了许多中国朋友，拜他们为师；每个学期都会组织各级官员和政府部门人员学习中文,让各级官员自愿参加中文培训。为了调动他们的积极性,我要给他们做一个表率,这就要求我必须比他们讲得好,这一点也是对我的一个激励和促进。在学习中文之前,我在会见来访的中国客人时,需要带一个翻译,而现在的我,竟能担任翻译一职。在一次陪来访柬埔寨的中国代表团视察工作的时候,我有幸担任了翻译一职,他们认为这是件很酷的事情。此外,我很喜欢和中国朋友交流聊天,了解他们对柬埔寨未来发展的看法,这对于我们政府管理国家有很大的帮助。

抱着书本出生的小孩?

红色高棉战败那一年,我降生在一个居无定所的穷苦人家。在我出生的前一天晚上,我母亲梦到,一位僧人把一大堆书扔进了她的肚子里。这注定了长大后的我会成为一个读书人。小时候,我们没有自家的房子和土地,家里的大人、小孩都要分别寻找暂时的栖身之地。从3岁起,我就经常被寄宿在村子的寺庙里。寺庙里有政府办的小学,里面大多是六七岁大的孩子。我常常被他们朗朗的读书声吸引,总是一个人趴在窗口静静地学习。由于我的家境贫寒,连基本的温饱问题都无法解决,所以我无法上学。可是,我又是一个拥有超群记忆力、好学的孩子。不到四岁,就觉得教室里的哥哥姐姐学得太慢,总是跃

谢莫尼勒小时候的照片

跃欲试，想进入教室与他们一起学习，但进入教室学习，必须有父母的担保。于是，我向寺庙一位僧人求助。这位僧人被我的真诚打动，跟校长说，我的父母常年不在家，已将这个小孩托付给他，由他出面担保。在这位僧人的帮助下，我终于坐进了教室。5岁时，我便进入三年级读书；12岁时，政府重组，各种人才稀缺，我被安排到皇宫做打扫清洁的工作，偶尔客串一下导游的角色；14岁时，我顺利地从高中毕业，并考入大学。我用了1年时间，基本学完了大学里需学习3年的课程。大学三年级时，我的一位任教老师有事请假，我便毛遂自荐，替这位老师代教大一新生的课程。我每次进入教室，站在讲台上时，学生们以为我是个学生，只是上去擦黑板而已，没想到我竟然是他们的代课老师！

生硬的中文让我找回亲人

这是一个真实的故事。20世纪80年代，我还很小的时候，第一次跟随外婆回到祖籍潮汕地区探亲。当时，我们坐了很久的汽车才到达目的地。那个时候，我就深深地感受到了中国疆域的广阔。可到了亲戚家，房子却很小，村里几乎见不到来往车辆，也没有洗手间，"贫穷"是我对中国的第一印象。1997年，我的外婆过世，我的家人与祖籍地之间渐渐失去了联系。其后，我的家人也曾按照所留亲戚的旧址和电话多次试图寻找与联系，但是，那个时候的潮汕地区已经盖满了新楼，翻修了新路，城市面貌焕然一新。现在，那里也通了高铁，原来十几个小时的车程，缩短为几个小时。虽然我很努力地寻找远在中国的亲戚，但很可惜并没有找到。我原本以为，这辈子都和中国的亲戚失去了联系。2009年，在一次出差中，我和同事从广州转机到北京，在机场用餐的时候，邻桌一位中年大叔与我们聊了起来。当时，我的中文还比较生疏，但基本上可以简单沟通。大叔得知我们来自柬埔寨，便拿出一张老照片，并委托我们帮忙在柬埔寨寻找失去联系的亲戚，我很爽快地答应了。回到柬埔寨的家中，便拿出照片给我的母亲看，她看到照片后竟然责备我乱翻外婆的遗物。我很惊讶，外婆居然有同样的照片！原来那个寻亲的叔叔就是我们多年来一直寻找的亲戚！取得联系之后，我们都为这一份奇妙的缘分而感叹，我笑称，原来学汉语竟然还有寻亲的作用。的确，要是不当这个院长，我也不会学习中文，更无法与中国的亲戚再续这个缘分。

孔院设立初衷——与大使彻夜长谈

2008年，我在柬埔寨王家研究院①工作。那时，我接待过一个中国代表团，由于柬埔寨缺乏翻译人才，我们临时安排了一名导游做会议翻译。结果，那次会议翻译进行得非常不顺利，翻译人员的语言表达能力和方式都存在问题，基本的礼貌性用语也没有把握好，用语生硬，这让与会嘉宾感到很不舒适。因此，我和院长都觉得这个问题比较急迫，柬埔寨学生很少能接触到中文，大部分翻译都依赖中国培养的专业柬语翻译。本地对中文专业的培训，政府所做的几乎为零。

2009年年初，中国江西九江学院到访，在座谈会上，我提出了关于设立中文专业和学院的想法，其目的是让更多柬埔寨学生能够接触到专业的中文。对此，九江学院领导也表示赞同，并决定制定合作计划。当天晚上，我与时任中国驻柬大使张金凤女士通了足足两个小时的电话。张大使表示，非常赞同和支持我的想法并给予了各种指导，这次谈话至今我仍印象深刻。根据张大使的指导，在柬埔寨王家研究院、江西九江学院与孔子学院总部共同讨论的框架下，三方共同推进了在柬埔寨王家研究院设立孔子学院的项目。这一项目很快得到了两国政府的支持，柬埔寨副首相索安亲自询问项目推进过程并进行实质性指导。2009年8月12日，中国国家汉办孔子学院总部总干事许琳女士、柬埔寨王家研究院院长克洛堤达院士

---

① 柬埔寨王家研究院是根据柬埔寨王国的法令于1965年成立，是柬埔寨最高科学研究机构，直属于柬埔寨王国内阁事务部，相当于内阁国务秘书部。同时，也是柬埔寨最重要的国家级智库。该研究院现有社会人文研究所、国家语言研究所、国际关系研究所等六个研究所，以及孔子学院、国家公园、研究生院和国家语委等下设机构。

共同签署了《中国孔子学院总部与柬埔寨王家研究院关于合作设立王家研究院孔子学院的协议》。

2009年12月22日，时任中国国家副主席的习近平访问柬埔寨，与柬埔寨副首相索安共同为柬埔寨王家研究院孔子学院揭牌。王家研究院孔子学院[②]挂牌成立，揭开了中文在柬埔寨全面推广的重要一页，当时，我非常荣幸地被任命为柬方院长，一直到2017年，我被调到总理府任职时才卸任。

政府部门的汉语中心

孔子学院成立后，各种活动开展得如火如荼。除了招生、开办汉语学习班、培训本地教师外，我还与时任中方院长王贤淼先生深入讨论在政府部门推动中文学习的计划，旨在让政府官员更多地了解中国。2010年1月21日，孔子学院举行了首个政府官员培训班开学典礼，中国驻柬大使张金凤出席典礼并亲自讲授第一课——"中柬友好关系史话"。2010年9月11

颁发中华图书特殊贡献奖现场

[①] 柬埔寨王家研究院孔子学院于2009年8月12日成立。

日，孔子学院首期汉语高级官员班的20名优秀学员启程赴中国九江学院学习并进行中国文化考察。2010年10月1日，在柬埔寨柬文中学，首家汉语中心——"孔子学院干拉省大岛洪森中学汉语中心"正式挂牌成立。2010年12月，国防部第一届官员中文班开班。2011年3月16日，以"学好中国话，朋友遍天下"为口号，孔子学院首届"柬埔寨中文歌曲大赛"在孔子学院礼堂拉开帷幕；此后，每年举办一届，受到了广大学生的欢迎。2011年3月28日，柬埔寨王家研究院孔子学院"王家军70号兵营汉语中心"揭牌仪式举行。这也开创了孔子学院在军队里设立汉语中心、汉语国际性进军营的先例。2012年3月14日下午，柬埔寨王家研究院孔子学院在柬埔寨参议院举行了汉语班开班仪式。这是我们尝试在柬埔寨高级别部门开办汉语班的突破。

接下来的几年时间里，经过我们的不断努力，汉语中心如雨后春笋般入驻了几乎所有柬埔寨政府部门和大部分高中学校，拥有学员上千人。2012年12月7日，第八届孔子学院大会开幕式在北京国家会议中心隆重召开。柬埔寨王家研究院孔子学院又获"全球先进孔子学院"称号。中国国务院副总理、孔子学院总部理事会主席刘延东发表了主旨演讲，并为全球孔子学院先进个人和先进单位颁奖。柬埔寨王家研究院孔子学院院长克洛堤达代表孔子学院接受颁奖。柬埔寨王家学院孔子学院从2009年揭牌运行以来，已连续四年获得全球孔子学院"先进单位"或"先进个人"荣誉。

以前，中国代表团访问柬埔寨，都是用第三方语言英文作为主要沟通语言；而现在，中国代表团来访柬埔寨时，基本上每个部门都可以找到懂中文的官员进行对接。这可以说是我们最重要的工作成果之一。

为学生创造赴中留学机会而奔波

我们在接收柬埔寨学生学习中文的同时，也非常重视选派柬埔寨学生到中国，并把握一切去中国留学的机会。在任院长期间，只要有中国教育部官员或高校领导到访，我都会为学生争取留学奖学金。每次到中国访问，我也会抓住机会参观访问当地的高校，与学校取得联系。尽管我如此努力，却发现，推动柬埔寨学生去中国留学一事，并不是那么顺利，留学工作开展了几年，去中国留学的学生数量仍然不多，基本停留在政府层面。直到有一天，一名学生抱着尝试的心态，登上了前往中国广州的班机。结果，这名学生一下飞机就给我打了一通电话，在电话里他激动地说："院长，你知道吗，原来中国这么大，到处都是高楼，一个机场的面积就要比柬埔寨最大城市金边大十倍。"我才意识到，柬埔寨学生之所以希望去欧美、日本等地留学，而不愿意去中国，根本原因是因为他们还不够了解中国，学生和家长对于当代中国的概念还停留在那个贫穷且落后的中国。我意识到，我们在对中国的宣传上，做得还不够多。这也促使我在任院长的后几年，在推广介绍中国时，做了调整，重点对现代中国的发展做推广。2018年，中国高校柬埔寨推介会在柬埔寨青年联合会举办，共有23所中国本科和专科学院参加，为柬埔寨学生直观地展示了中国高校的发展。此次推介会提供了近700个专业，奖学金金额合计达40万美元。据不完全统计，我们与近百所中国高校有过交流，包括北京大学、电子科技大学、北京医科大学、暨南大学等中国一流大学。经过努力，目前前往中国留学的柬埔寨学生以成倍的速度增长。现在学生们能熟练地使用微信、支付宝，正在体验中国超前的无现金支付。一批又一批赴中的柬埔寨留学生将会成为建设柬埔寨未来的中坚力量。

此外，我们还努力寻求柬埔寨各级官员到中国实地考察和学习的机会。2018年，中国最有名的华侨学府暨南大学开设"当代中国海上丝路中文研习官员班"。我们派出旅游系统、移民系统的30名官员赴广州参加。他们学习了基础中文对话，了解了中国各种文化，如茶、书法，还参观了当地企业，与当地相关机构和政府部门进行交流，收获颇丰。学员们也深深地感受到中国的强大，以及中国发展的气息。这些都是很好的经验，也是对柬埔寨官员的一种鞭策。同年，云南阜外心脏病医院为两位柬埔寨青年医生提供了到云南学习的机会。经过一个月的实习，两名医生很快担任起心脏病筛查工作。

我们需要更深入地了解中国——改革开放 40 年

  我想,任何发展中国家领导人都非常愿意了解,中国是如何用短短 70 年时间,从一穷二白到十几亿人口丰衣足食,再到默默成为东方巨人的艰辛历程。很多中国官员来访柬埔寨的时候都会说,柬埔寨就像八九十年代的中国,柬埔寨的国情与中国改革开放前的大环境、大背景有很多相似之处。我也非常同意这个观点,因此,对于中国八九十年代的发展政策,我非常感兴趣,发现有许多值得学习和借鉴的地方。经过 40 年的改革开放,中国共产党领导的中国特色社会主义优越性越来越明显,这一制度对比西方一味强调民主政治更加注重民生、更能发挥人民的自主性。习近平主席提出的"一带一路"、构建"人类命运共同体"等倡议更是充满智慧和远见卓识。

  在接受《人民日报》和其他中国媒体采访时,我曾写过这样的感想:中国的社会进步与发展离不开改革开放。在物质方面,首先,解决了十几亿人口的温饱问题,老百姓既是改革的推进者,又是成果的享受者,生活质量提高与积极参与建设形成良性循环;其次,整个国家的基础设施得到根本改善,这相当于打通了国家高速发展的脉络。在精神上,改革开放的过程中,"吃苦耐劳""开拓创新"等优秀中华精神,使改革开放更加深入。另外一方面,改革开放所带来的不仅是技术的进步,更吸收了世界各国的优秀文化,在某种程度上,推动了社会的发展。

  中国共产党是改革开放政策的设计者和引领者。如此庞大的国家如果没有一个向心力和主心骨,一定会成为一盘散沙。中国共产党很好地发挥着这个角色,并正确地引导中国人民朝着正确的方向走,大到国家领导,小到各个基层部门,中国共产党无处不在,无所不能,这就是老百姓信任的基础。改革开放的道路不仅不会中断,发展速度反而会越来越快,这就需要更高的智慧和强有力的保障。

  中国的社会制度根植于中国自己的历史和国情,是独一无二的。各种制度是集体智慧的结晶,例如,中国人大制度,深入百姓,发现问题、研究问题、解决问题,根据各时期的形势,不断进行改革调整,这就需要一个稳定的社会大环境。中国社会主义核心价值观，倡导富强、民主、文明、和谐，倡导自由、平等、公正、法治，倡导爱国、敬业、诚信、友善，只有在中国这种社会制度下，才能提出并得以实施。这些政策不仅是未来的目标，也将为未来发展打下更加牢固的基础。

中国的改革开放不断深化，随着时代变迁，中国与世界的联系更加紧密。实践证明，中国的务实风格对各国产生了重要影响，许多国家在中国的带动感染下，积极开展国家建设，并取得了巨大进展。中国"一带一路"取得了丰硕成果，让许多观望的国家也积极投入其中。

让中国拥抱世界，让世界拥抱中国。如果把世界比喻成一块表，中国无疑是这块表里最大的齿轮。中国愿意与世界分享自己发展的经验。中国改革开放40年改变了中国，同时，也正在改变世界。中国"一带一路"倡议，实际上是让改革更加深入，到另外一个新的阶段，与世界各国手牵手、肩并肩，一同建设世界家园。中国有中国梦，柬埔寨有柬埔寨梦。世界各国都拥有和平发展的梦想，整个世界才有发展的动力。

就中国如何管理国家才会取得如此成就的问题，柬政府官员也曾进行广泛讨论。因此，我们对《习近平谈治国理政》一书产生了很大兴趣，书里许多细节都值得我们学习借鉴。于是，在柬埔寨王家研究院及柬埔寨王家孔子学院同仁的共同努力下，2017年4月11日，柬文版的《习近平谈治国理政》正式发行，洪森总理在首发式上盛赞此书是建设和管理中国特色社会主义经验的精华，号召柬埔寨政府官员好好研究学习，将中国管理的有效经验运用到自己的岗位上。

民心相通

中国有句俗话，"得道多助，失道寡助"。如果我没理解错的话，这里的"道"就是民心。中国发展之所以如此迅猛，首要的一条就是发展道路和政策符合百姓利益，一切以百姓利益优先。一个十几亿人口的大国，从一穷二白到解决温饱，再到成为世界巨人，仅仅用了几十年时间。难道我们不应该为他们的领导人鼓掌吗？

中国从不对其他国家指手画脚。我接触过很多中国企业家和官员，在与他们交流的时候，他们只会问"你们需要什么，我们能为你们做些什么"。光路桥建设这一项，截至2019年9月份，中国已为柬埔寨修建路桥3000多公里，这完全是中国"要致富、先修路"的经验积累。把这个思路实现在柬埔寨，为当地人民打通经济命脉，大大改善交通，使当地百姓出行方便，逐渐带动了农业产品的运输，这便是"大惠"。

中国所做的事情，不是在拉拢民心，每一件都是实事。这与中国领导人执政风格非常切合。我每年都受邀访问中国，感触最深的就是，中国人强有力的执行力和高效率。这也是柬埔寨政府需要学习的。中国为柬埔寨援建的工程越来越多，许多城市面貌焕然一新。金边已连续三年被评选为东南亚地区发展最快的城市。

当然，民心工程是一项非常艰巨的任务。首先，面临的就是信任问题。道理很简单，就好比一个陌生人，你对他不了解，一定是防备的，即使他给你东西，你也一定会认为他另有所图。现在很多柬埔寨老百姓就是这样，部分地区仍然存在不信任感与排斥感。由于历史原因，柬埔寨人对中国的印象仍停留在那个落后的年代，即使看到关于中国飞速发展的信息也是将信将疑。要消除这种疑惑，必须让他们亲身去感受中国。

目前，柬埔寨最大的电缆厂是一位北京企业家投资的。这位企业家回顾，最初要进军柬埔寨市场的时候，他处处碰壁，商家一听说是中国产品，几乎没人愿意合作。于是，他邀请金边十几家电缆代理商免费到北京考察，实地参观工厂。这次参观令这些代理商大开眼界，他们这才知道中国制造已经遍布全球50多个国家，技术已经非常成熟，全部采用国际检测标准。于是，他们开始信心满满地采购中国产品，并感叹，我们简直就是井底之蛙。如果没有这次邀请，他们至今都无法了解当代中国的真实模样。

这仅仅是一个小例子。民心工程，任重道远。我们希望有更多的机会送更多柬埔寨各个层级的官员、企业家、青年代表走出去，到中国实地考察，真正地感受当代中国，增强对中国的信心。

2017年，我被调任至总理府民间社会组织论坛计划与项目部。关于与中国公益相关的项目，我们把重点放在了医院、医疗、学校、民生设施等方面。2016年至2017年，海南省政府开展了"光明行"眼科白内障筛查及手术项目；2017年至2018年，云南省政府派遣云迪健康与行为中心联合云南阜外心血管病医院开展了先天性心脏病筛查及手术治疗活动；深圳国际合作交流基金会为柬埔寨村民建立了太阳能村，引发了当地百姓的热烈反响。通过这些项目，大家都比较直观地感受了中国力量与中国高科技的强大。每当中国援建医疗车开进当地，村民们都欢欣鼓舞，仿佛看到了希望。当先天性心脏病患儿及家属被安排赴中进行手术治疗时，他们都非常感动。在中国治疗期间，周围很多中国小朋友及家长陪伴他们，给他们带来了家的温馨。几乎每次都是我带着他们过去，一次次从家长开始的疑惑到后来信心的坚定，再到手术的成功。术后，中国方面还要跟患者家长了解跟进术后状况，并为患者提供帮助，以改善他们的生活质量，甚至帮助他们购买缝纫机、开餐馆等。尽管百姓不善于言语，但可以感觉到，他们的心已经跟中国紧紧相连。2018年3月，考斯玛中柬友谊医院落成，医院位于金边市内，此次援助建设的新医疗大楼总建筑面积约3万平方米，建筑层数11层，床位数400个。友谊医院的建成大大改善了当地医疗卫生条件，为当地百姓提供了实实在在的医疗保障。我想，这就是民心工程。

特别提一下"幸福泉进万家"这个项目，这是中国和平发展基金会在柬埔寨茶胶省的项目。项目开展前，我们做了许多详细调查，深入当地百姓当中，做了几十次评估。茶胶省历史悠久，中柬友好往来的历史也是从茶胶省开始的，所以把项目设在茶胶省是非常有意义的。茶胶省近年来也吸引到更多的投资，目前，大型工厂已有23个，解决了当地村民的就业问题。水井项目来得非常及时，深受村民欢迎，可谓久旱逢甘霖。竣工仪式上，王文天大使和柬埔寨青年联合会金边分会主席盖希里亲自为村民打水，大家一致称赞中国善举，一下子拉近两国民心。后来村干部在脸书网站上发了很多照片，村里儿童在井边戏水并露出幸福的笑容，旁边挂有刻着中国国旗的纪念碑。我能强烈感受到，此刻柬埔寨人民享受着与中国人民一样的幸福感。

在柬埔寨民间社会组织联盟论坛上

两个文明大国

中国有着五千多年历史文化的积淀，是一个伟大的国家。每每来到中国，我都会深深地感受到，这片土地蕴藏着神奇的力量。中国的伟人从古至今数不胜数，包括新中国的缔造者毛泽东、中国改革开放的总设计师邓小平，以及正带领中国走向伟大复兴的习近平主席。他们不仅拥有智慧，更有魄力来引领中国不断发展进步。我相信，洪森总理领导下的柬埔寨政府也有这样的能力，在中国政府的大力帮助下取得更大进步。

柬埔寨也是一个有文化底蕴深厚的国家，有着两千多年的历史，特别是在公元802至1432年的吴哥王朝时期达到鼎盛，一度是东南亚最强盛的国家。吴哥王朝作为高棉文明的重要发展时期，古高棉人民给亚洲乃至世界留下了许多文化遗产,其中,包括以吴哥窟为代表的古寺庙建筑群、石窟石雕建筑、青铜器铸造工艺,以及高棉陶瓷、高棉舞蹈、高棉乐等方面的造诣,这些文化遗产,在东南亚地区首屈一指。

自汉代以来,中柬一直保持着友好往来的关系,特别是在 1295 至 1296 年间,中国元朝使臣周达观出使吴哥王朝,并撰写了伟大作品《真腊风土记》。这篇 8800 字的著作,全面描述了吴哥王朝当时的繁荣景象,作为唯一完整叙述王朝历史的重要文献,此书也被视为中柬历史友好的见证。近年来,围绕《真腊风土记》展开的中柬文化文明交流也非常多,如 2011 年王家研究院与九江学院合办了《真腊风土记》国际研讨会,今年柬埔寨文化部与中国陕西敦煌学院也准备合办"敦煌吴哥文明对话"栏目。通过各种形式的交流活动,加强了两国文化的研究和文明的推广,带动了当地旅游业发展。

2019 年 5 月,在亚洲文明对话大会上

中国茶上了柬埔寨会议桌

柬埔寨天气炎热,绝大部分人都习惯喝冰水,饮料都会加冰块,比较流行的是冰咖啡牛奶和冰柠檬茶。我小时候跟外婆生活的时间比较长,外婆与柬埔寨人不太一样,她坚持让小孩喝开水、热茶,后来我才慢慢明白其中缘由,这不仅是一种中国传统,更是一种健康的生活方式。现在,我的中国朋友都知道我喜欢喝中国茶,他们经常送给我一些好茶叶,我家里收藏了各种茶叶,我的办公桌上也放着中国茶叶,以便随时饮用。许多政府官员都受我的影响,也纷纷泡上了中国茶,在我的推动下,中国茶甚至上了会议桌。在接待中国朋友来访时,大家边喝茶边谈事情,他们会感觉非常亲切,有宾至如归的感觉,一下拉近了我们之间的距离。现在中国茶也成了送礼首选,茶文化成了部分柬埔寨政府官员的必修课。

中柬一家亲

有一位中国朋友曾对我说,他几乎走过所有的东南亚国家。在他看来,柬埔寨华人与当地人的关系最为融洽,我也是这样认为的。华人很重视传统佳节,每逢佳节都有隆重庆祝,像中国新年、中元节、中秋节等节日,华人家庭都会拜祖拜神,柬埔寨本地人也会跟着中国习俗来庆祝这些节日。华人在中元节会烧很多冥币给逝者,认为这样逝者会保佑后人赚很多的钱,于是,柬埔寨人也学会了烧纸钱。每当过中国新年,不管是当地人还是华人都不亦乐乎,拜年、舞狮,给政府部门送啤酒、饮料似乎已成为约定俗成的规矩。我的中国朋友说,有一次大年初一他去政府部门办事,结果没人上班。一位政府官员开玩笑地反问道:"你们中国人过节不放假吗?我们放假啊。"曾经流行过这么一个说法,说是"In Chinese New Year, no Chinese drunk, but Cambodian"(过中国年,醉的不是中国人,而是柬埔寨人),中柬一家亲,可见一斑。

2000年7月中旬,我首次来到中国。我无法用语言来形容当时激动的心情。能够亲身体验之前只有在书本里才能看到的关于中国的种种见闻,我感到十分兴奋。在中国,我认识了很多中国老师,也与很多来自外国的汉语老师认识,他们向我教授了很多教学方面的知识。在北京,我参观了故宫、天安门广场、颐和园和万里长城等中国著名景点。8月中旬,我与朋友们还前往济南、南京、上海、苏州和杭州等城市,开启了我们的中国城市之旅。在这些城市里,我们参观了博物馆、公园、寺庙等各种名胜古迹。通过那次旅行,中国的古老文明、社会安全、国家秩序和中国友人的热情好客给我留下了非常深刻的印象。

——孟娜(伊朗)

我的中国故事
海外学者的中国缘

我生命中的三分之一时间在中国度过

孟娜（伊朗）

孟娜（Elham Sadat Mirzania），北京大学中文系中国现代文学专业博士毕业，阿拉梅·塔巴塔巴伊大学汉语系主任，国际儒联第六届理事会理事，编写有作品《波斯人笔下的中国》和《精选汉语波斯语词典》，翻译出版《中国当代文化》《甜果酱》《伊朗公元前第一千年的艺术与考古学》《跑步穿过中关村》和《疼痛》等作品。2018 年，获得"中国图书特殊贡献奖青年成就奖"，被中国作家协会授予中国文学之友称号。

在这个世界上，生活着各种各样的人，每个人在自己的人生中，都有属于自己的故事，而每个故事也都有属于自己的特点。我认为，讲述自己的故事，首先，要回答这样一个问题："我是如何成为今天的自己的？"今天，我想通过回答这个问题，来讲述一下我与中国的故事。

回顾过往，我发现，20 多年前，我所选择的大学专业，在我的生活中，扮演着重要的角色。

大学录取

与中国一样，伊朗高中①毕业生进入大学，也要通过高考。那时，我对美术也颇有兴趣，在小学、初中和高中时期，每年的美术成绩，包括绘画

---

① 伊朗高中有三种专业，分别为科学、数学和人文学科。

和波斯语书法，都是全班最好的。因此，除了参加科学高考，我还参加了美术高考。高考结束后，成绩要一个多月后才能出结果。我迫不及待想得知我的成绩，因而，那一个多月对我来说是一个漫长的等待。

经过漫长的等待成绩终于出来了，我参加的两项高考成绩全部合格。但我不能确定接下来在大学里选什么专业，我的母亲一直建议我选择英语专业。为了更好地选择专业，我把大学招生宣传册从头到尾通读了几遍。我一直对生物学、英语和美术感兴趣，为此认真钻研了所有与这些专业相关的信息。在这些专业里，我看到了"汉语专业"。我考虑之后，觉得这个专业比美术、生物学和英语等专业更有意思。由于可以填报几个志愿，我在选择汉语专业的同时，也选择了英语和美术专业。当时，我对中国了解得很少，对汉语也一无所知，只读过赛珍珠的作品《大地》的波斯语版和一本关于故宫的旧书。除此之外，与家人同游伊朗名胜古迹波斯波利斯的时候，我遇过一个外国旅游团。当时，出于好奇，我上前与他们打招呼，并用英语问："你们从哪里来？"其中一位中年男士面带笑容地回答道："我们从中国来，是中国人。"那一次，是我与中国人的初遇。

9月初的一天，我接到表姐的电话，她非常激动地跟我说："今天的报纸上，刊登了大学的录取名单。"她学习非常刻苦，和我一起参加了高考。在录取名单上，她找到了自己的名字，但因为报纸上只有录取专业的编码，她无法得知自己被哪一所大学的哪一个专业录取，因此，打电话向我求助。我马上找到大学专业宣传册，大概把全部的专业都搜索了一遍，才找到她被录取的专业——马什哈德大学的医药学专业。她得知后，高兴得连话都说不出来。接着，我让她帮忙查询报纸上是否出现了我的名字。她花了几分钟就找到了我的名字，听到了她说的编码后，我又开始搜索宣传册，找到了那个编码对应的专业——沙希德·贝赫什提大学的"汉语言文学"专业！得知未来我要学习的专业正是我感觉趣的汉语，我非常高兴，我的父母也为我高兴。但对于汉语，我一无所知，身为高中语文老师的舅舅告诉我，汉语中没有字母系统。这是我学汉语之前，对这门语言所知道的唯一信息。当时互联网还不发达，关于汉语的资料只能到图书馆查找。

但图书馆里也很难找到比较新的、内容丰富的书。那几天，我脑子一直在想有关汉字的情形，想象自己在课堂上读写汉字时候的模样，心里充满了期待。

到沙希德·贝赫什提大学，学习汉语

沙希德·贝赫什提大学是伊朗的一所综合性大学，位于德黑兰北部，离我的家乡约600公里的距离。我姐姐就生活在那里，我和父母经常去德黑兰探望她。开学前几天，我和父母再次前往德黑兰。但这次的德黑兰之旅，对我来说与以往不同。我觉得自己已经长大，可以独立地开始大学生活。

注册报到当天，我的父亲陪我一起去大学。负责注册报道的老师看了我的专业以后告诉我："你们汉语专业的学生要等下学期才能入学。"经过进一步了解我才知道，汉语系是伊朗新开设的专业，老师暂时还没有到岗，下学期才能正式开课。对于延期开学这个消息，虽然还没做好充足的心理准备，但由于已经确定被学校录取，我心里还是感到很轻松。

由于延期开学，我返回了家乡。在延期的几个月里，我阅读了很多新诗和小说，还练习波斯语书法。

几个月很快就过去了，终于，我正式迈入大学校园。我们的宿舍位于学校的北部。根据学校规定，第一学期和第二学期学生需要住在"八人间"的宿舍。对我来说，住宿舍是一种新颖的体验，能够与很多来自不同城市的学生沟通交流，可以接触到很多新的事物。我的室友分布在各种专业，如数学、法语、地理学和经济学等。学校地处山区，校区的北边和南边有明显的高度差别，环境非常好，景色也很漂亮。汉语和其他的外语系都在文学院，而文学院位于学校的最高处。通过校区主路到文学院，要爬上70多级台阶才能到达，每次到文学院的时候，都累得气喘吁吁。

终于开课了，我充满兴奋地来到教室。我们班有二十来名学生，其中一半是女生。我非常好奇，是否有其他同学懂一些汉语。经过了解后得知，他们与我一样，对汉语一无所知。当我们相谈甚欢的时候，一位年轻的中国女士走进我们的教室。她留着刘海儿，长得非常可爱，一副大学生的模样，她把自己的包放在桌子上，面带笑容地注视着我们，然后用波斯语进行自我介绍，把自己的名字"王一丹"这三个字写在了黑板上。那是我第一次看到有人写那个我认为全世界最神秘的文字——汉字。通过一番介绍，我们了解到，王老师是北京大学波斯语教师，波斯语说得非常标准，来到伊朗后，在德黑兰大学波斯文学专业攻读博士研究生。

开课第一天的第一节课上，我们学习了汉字的起源和拼音。一个半小时很快就过去了。那天，我们还上了另外一门课。那门课程的老师是当时被派到德黑兰大学做访问学者的来自北京大学的中国老师滕慧珠，她特别热情。课堂上，她给我们讲解了汉语拼音和声调等一些基础知识。从学习汉语的第一天起，我便深深爱上了这门语言。

那个学期，我们还有一位名叫巴赫提·亚尔的伊朗本土老教授，他是德黑兰大学著名的波斯语教授，在伊朗学方面有很大的成就。他是一位十分认真严肃的老师，身上有种皇家贵族气质。巴赫提·亚尔教授曾经是北京大学波斯语系的外教。两位中国老师都是由巴赫提·亚尔博士向学校推荐的。第一学期他教我们中国文化史。我至今还保留着那门课的笔记。后来，王一丹老师教我们中国文学史。当时我们在课堂上听她讲解《西游记》的波斯语翻译。那是我看过的第一部中国经典文学作品。通过第一学期的课程，渐渐地，我开始了解汉语、中国文学和文化

巴赫提·亚尔博士签字送的图书

等。从那时开始,我便被中国灿烂的文化和悠久的历史所吸引。最关键的是,我们的老师都是用我们的母语波斯语来授课,这有助于我们有效地学习汉语。

　　学习汉语的初期,发音和声调对我来说存在一些困难。我们一般在课堂上采取跟读的方式,模仿老师的发音和声调,跟随老师一起阅读。刚开始,发音让我感到头疼。每天晚上,我都会拿着教材和一张白纸到宿舍图书馆里温习当日所学的内容,这让我觉得非常有意思,渐渐地,我爱上了汉字书写。每当复习功课的时候,我都会觉得自己已经熟记了纸上所记载的内容,但到了第二天往往会想不起一些词语。所以,只能通过不断地练习去记住一些知识点。慢慢地我发现,我学会了如何精准发音,也可以与同学们用简单的中文句子进行沟通。

　　那个时候,住在伊朗的中国人还不是很多,平时我们很少有机会与中国朋友沟通交流,在伊朗国内也基本上找不到汉语教材。大学里用的教材也都是中国编写出版的。有一次,我和同学在德黑兰瓦里阿斯瑞大街散步,发现马路对面有一位很像中国人的年轻男士。我们两个非常激动,觉得这是练习汉语的好机会,于是马上跑向他。然后我们用汉语问他:"请问,您是中国人吗?"他一脸迷惑地盯着我们,什么都不说,好像根本不知道我们在说什么。紧接着我们用英语跟他说:"抱歉,我们以为您是中国人!"他这才明白我们的意思,笑着说:"我是阿富汗人。"我和朋友非常惭愧地向他道歉,然后离开。

　　第一学期,我们修了"中国文化史"这门课程,到了期末,老师要求我们写一篇文章,并承诺,期末文章写得最好的人,会收到一份礼物。那个时候,

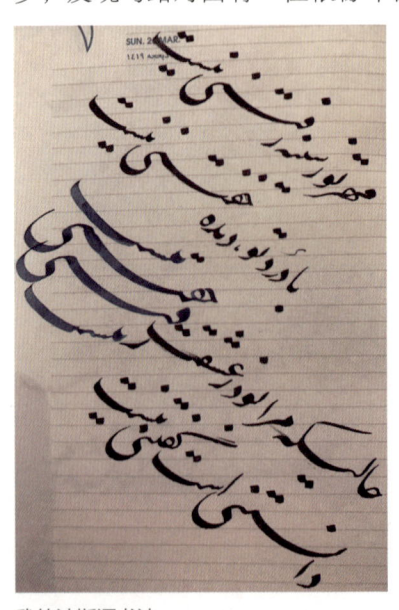

我的波斯语书法

电脑和打印机还不像现在这么普遍，我们没有个人电脑，文章都是用手写的。完成后，我在封面上用波斯语书法写了文章的题目、课程名称、指导教授姓名及我的姓名等内容。提交文章的时候，巴赫提·亚尔教授仔细看了我的封面并问道："这字是谁写的？"当得知是我写的后，他赞叹不已。我的文章得到了教授的认可，成为期末文章写得最好的学生。最后他履行承诺，送给我一本由张鸿年教授翻译的波斯诗歌《鲁拜集》的汉语翻译本，同时附上了教授本人的亲笔签名。就这样，我发现原来教授还是一位艺术家，擅长书法。他对我的书法给予了特别的关注。后来，他还时常给我带来伊朗近代著名书法家的作品，让我多多学习他们的写法。

大学二年级时，学校的汉语系与上海外国语大学签署合作协议。当时，上海外国语大学也刚刚开设波斯语专业，他们需要波斯语外教，而我们汉语系正好也需要汉语外教。按照协议，两校每年交换老师。上海外国语大学第一次派来的是一位名叫马志雄的老教授。马教授与他的夫人一同来到伊朗，他的专业是阿拉伯语。在伊朗，初、高中虽然要学习阿拉伯语，但学习的都是一些很基础的知识，学生们基本不能用阿拉伯语进行沟通。很幸运的是，班里有一位男同学擅长阿拉伯语，因此，他成了课堂上我们与马教授沟通的桥梁。这位教授任期满后，又新派来一位名叫张明的老师任教。张明老师用英语与我们交流，他的专业是法学。我的中文名字孟娜就是由这位老师取的。当时，除了中国老师，还有几位伊朗老师，他们都有在中国留学的经历，一般都是在外交部工作的。偶尔，也会有一些中国留学生来给我们上课。他们都是非常优秀的老师，用自己独特的方式教授我们汉语知识，以提高我们的汉语水平。

大学期间，在学校举办的一场活动中，中国驻伊朗大使和他的夫人莅临我校参观。我们用汉语与他们沟通。大使夫人对我们很热情，告别的时候还对我们说，以后可以经常来使馆玩——那时，我们还不知道这只是一种中国式的客套。于是，我们之后找到使馆的地址前往大使馆。我们敲开了大使馆的门，一位中国男士出来迎接我们。我们用汉语解释道："我们是来找大使夫人的。"这位先生非常热情，邀请我们先到楼上坐。他也会说波斯语。我们用波斯语交流了一会儿，他十分理解两个渴望学习汉语的伊朗学生的心情，为了帮助我们提高汉语水平，他送给我们很多中国杂志和报纸。那些刊物对我们来说是非常有价值的礼物，因为在那个时候，估计整个伊朗都无法找到类似的刊物。跟这位先生交流后，我们几乎忘记了原本的来意。后来我们才知道，当天去的是中国大使馆文化处，而那位先生正是大使馆的文化参赞。那次之后，每当我们想阅读中国报纸或杂志的时候，都会去找他，他也非常慷慨地为我们提供这些资料。

在我们毕业之前，中国驻伊朗大使馆在汉语系举办了一场中国文化知识竞赛，我是系里成绩最好的一个。因此，我获得奖学金，并作为汉语老师被派到北京语言大学参加了短期研修班。

2000年7月中旬，我首次来到中国。我无法用语言来形容当时激动的心情。能够亲身体验之前只有在书本里才能看到的关于中国的种种见闻，我感到十分兴奋。在中国，我认识了很多中国老师，也与很多来自外国的汉语老师认识，他们向我教授了很多教学方面的知识。在北京，我参观了故宫、天安门广场、颐和园和万里长城等中国著名景点。8月中旬，我与朋友们还前往济南、南京、上海、苏州和杭州等城市，开启了我们的中国城市之旅。在这些城市里，我们参观了博物馆、公园、寺庙等各种名胜古迹。通过那次旅行，中国的古老文明、社会安全、国家秩序和中国友人的热情好客给我留下了非常深刻的印象。

离开中国，回到伊朗后，我翻译了一套中国香港的儿童图书。出版方是伊朗当年儿童图书畅销出版社。那套书共9册，市场反响非常好，出版社重印多次，算得上是当时的畅销书。通过这次翻译经验，我发现自己渐渐喜欢上了翻译这个职业。我会利用闲暇，翻译一些中文小故事和神话。在那之前，我从来没想过自己翻译的作品可以出版成书。那段时间我参与了很多翻译项目，也会有一些口译的经历，印象最深的一次是给伊朗当时的总统赛义德·穆罕默德·哈塔米先生做同声传译的经历。在中国石化公司工作的那一年，我也留下了深刻的印象。当时，该公司在伊朗中部地区有勘探项目，建议我作为专属翻译与他们建立长期合作。这家公司离我住的地方非常近，再加上石油行业也是我感兴趣的领域，所以，我接受了他们的提议。上班的同时，我也同步在英语培训机构学习英语，每个星期要上两次课。英语培训机构离我工作的地方比较远，因此，我必须在下班之前从公司出发，才能按时到达上课的地点。于是，我跟公司提出了一周要有两天提前下班的要求，他们非常友好地同意了。在那里工作的一年非常顺利，这个工作经历对我来说非常宝贵。由于我想继续学习，所以，我再次前往中国求学。

前往中国求学

在伊朗国内大学还没有开设汉语专业硕士课程的那些年，去国外留学必须通过伊朗高教部来申请。申请过程十分艰难，需要提交很多材料，也需要比较长的审核时间。虽然困难重重，但也不能阻止我前往中国的脚步。突破重重阻碍，最终，我顺利拿到了北京大学现代文学专业的录取通知书，并获得奖学金。

2002年9月11日，我乘坐飞机抵达北京，那天正好是"9·11"事件发生一周年。我运气特别好，在飞机上遇到了以前的一位中国同事。落地后，在他的帮助下，我换了钱，打到了出租车，顺利抵达目的地——北京大学。就这样，我提着行李，到了北京大学的留学生宿舍勺园。办理入住手续后，我去中文系进行注册报到。中文系负责老师是年轻的魏老师。她立即安排我与辅导教授商金林见面。商教授非常热情，与我交流了几分钟，大致了解我的情况后，向我推荐了一些其他老师的课程。商教授还把我介绍给赵丽华同学，让她帮助我办理入学的相关手续。课程结束后，赵丽华同学带我到图书馆办理借书证，并带我逛了图书馆，还指导我借书、还书的操作方式。我本科时期的老师，有几位在北京大学就职。滕慧珠老师得知我到了北京大学后，立即跟我约好时间，带我在校园里逛了逛，介绍校园里的各个地方。北京的9月很舒服，偌大的校园、别致的秋景，令我陶醉。校园里配置齐全，包括银行、邮局、书店、小卖部、理发店和食堂（有好几座）等一应俱全，像一座小城，基本上可以解决一切衣食住行问题。校园的环境非常好，适合专心学习。就这样，我在北京大学完成了硕士研究阶段的学业，又顺利进入博士研究生阶段的学习。

在北京大学学习期间，我遇到了很多优秀学者，并修了他们的课程，每位学者都有各自的研究领域和各自独特的想法与见解。这期间，我了解了很多中国现近代作家，如胡适、鲁迅、郭沫若、李大钊、周作人、郁达夫、朱自清等，他们在"五四"时期通过自己的小说、诗歌和散文创作，让"新"文学代替了"旧"文学，实现了"文学革命"。通过他们的文章，我学到了新文学在启蒙中华民族的过程中所做的贡献，了解到了很多关于中国现代文学的倾向和潮流。

在北京生活的那几年，我很荣幸地认识了著名的伊朗学家张鸿年教授和他的夫人李湘老师。当时，李湘老师正在编写波斯语教材，我作为她的助手，对教材进行修改。我一直与张鸿年教授和李湘老师保持着密切的联系，他们在很多方面都给了我特别好的指导。张教授从事图书翻译工作，在翻译波斯语作品的过程中，如碰到语言上的问题，他会时常与我进行探讨与交流。他对古波斯诗歌的理解和把握，总使我感到惊讶。我的博士论文答辩顺利完成后，张教授推荐我和他们夫妻合作编写《精选汉语波斯语词典》。他与商务印书馆合作出版过《波汉词典》，经验非常丰富，与他们合作，我感到万分荣幸。在张教授夫妇的力荐下，我开始了辞典编写生涯。经过4年的编写和审核工作，在我返回伊朗后，该词典得以出版。我的博士论文《波斯人笔下的中国》也在中国台湾出版。在北京大学学习

《精选汉语波斯语词典》

的7年里，一直得到我的导师、其他学科老师和同学们的大力支持和帮助，感谢当时遇到的每一个给予我帮助与支持的人。

返回伊朗

2014年，我住在上海，收到了来自伊朗阿拉梅·塔巴塔巴伊大学的一份聘书。他们决定开设汉语专业，正在聘请中文教师。我决定接受该大学的邀请，并前往该大学的波斯文学和外语学院就职。由于该专业是新开设的，很多事情尚未完善，需要从头开始筹备，在上课的同时，还要承担教务行政工作。看到新生对学习汉语的渴望，我想起自己的本科时代。那个时候，汉语专业是伊朗新开设的专业，学习汉语具有一定的挑战性。而现在，我尽量按照我那个时候对学习汉语的要求，依靠以前学习汉语的经验，来改变当前的教学局面。当然，汉语与其他语言比起来，会有一定的难度，但我一直认为，如果能够给予学生一种动力、让他们深入了解语言学的背景，与这门语言建立密切联系，那么，困难会逐渐被克服。作为大学汉语教师，我需要做的是，激发所有学生的兴趣，发掘和培养各方面的人才，给他们提供有利的发展机会。我认为，我们正在培养的学生当中，一定会出现伊朗未来的汉语教师、翻译家、外交官等方面的汉学人才。这一点让我感到，自己身上背负着重大的责任。

近几年，我多次因中国文化部、作家协会、中图公司和译研网等机构及企业的邀请前往中国，参加了很多有意义的汉学活动。这些活动，使我有更多的机会与很多中国著名作家、出版社编辑、外国汉学家见面和交流，这令我无比开心。我见过的每一位，对我都有所启发，给予我很多在翻译方面的灵感。我们就职的大学也举办过很多次汉学研讨会，研讨会邀请中国各领域的优秀教师，通过这种学术往来加深了伊朗和中国之间的友好关系。

2017年，中国作协代表团在伊朗

2017年，在北京图书博览会参加《甜果酱》的中文版发布会

这几年，我和朋友们合作翻译了几部作品，这些作品有一部分是波斯语译成汉语，有一部分是汉语译成波斯语，它们分别在伊朗和中国出版。目前，我参与翻译出版的作品有《伊朗公元前第一个千年的艺术与考古学》《当代中国文化》《甜果酱》《跑步穿过中关村》《疼痛》等。

2018年，参加第五次汉学家文学翻译研讨会

部分译作和著作

2017年，伊朗是北京国际图书博览会主宾国，这期间，伊朗的几位出版商和作家代表来到中国参展。当时他们注意到，中国文学作品在伊朗的翻译出版数量并不多。因此，为了准备"2019年德黑兰国际书展"——中国是主宾国，伊朗出版商开始寻求与中国出版商的合作。终于，在2019年，

几位中国优秀作家和诗人,包括曹文轩、麦家、赵丽宏、徐则臣和薛涛等来到伊朗,参加了"2019年德黑兰国际书展",并参加了中国图书的波斯语版发布会。

2019年,与徐则臣老师参加在德黑兰国际书展上举办的《跑步穿过中关村》波斯语版发布会

2019年,与赵丽宏老师一起参加在德黑兰国际书展上举办的《疼痛》波斯语版新书发布会

2019 年，中图公司代表和中国作家参加伊朗德黑兰国际书展的告别宴席

    2018 年，我荣获"第十二届中华图书特殊贡献奖青年成就奖"，同时被中国作家协会授予"中国文学之友"的称号。其实，我从来没有觉得我所做的事情有多特殊，甚至一直认为我做的还远远不够。这些荣誉的获得，代表着中国朋友对我工作的认可，这使我感到非常荣幸。令我感到自豪的是，伊朗汉语教学能够培养一批优秀的汉学家。

    本文写作期间，世界因新型冠状病毒肺炎的肆虐而发生着巨大的变化。经过这次疫情，很多人意识到保护他人，也就是保护自己。一种小小的病毒让世界一下子停了下来，人们开始关注自己的生活方式。我们突然发现，我们一直生活在健康、平安、自由的状态下。这次疫情让我们重新思考自己的生活方式，了解到人与人之间是相互联结、不可分割的。我们很多人在家里隔离的时候，污染减少了很多，大自然重新回到了原来的平静，地球得以正常呼吸。希望通过在这次疫情中得到的宝贵经验，我们可以携手，将日后的生活变得更为有意义，更为美丽，更为高尚。

我学习汉语已长达 25 年。至今,对于大学专业的选择我仍然充满自信。如果重返 18 岁,我仍然会义无反顾地选择"汉语言文学"专业。我生命的大约三分之一时间是在中国度过的。我去过中国很多的城市和农村,见过中国各民族不同的风俗习惯和生活方式,体验过他们丰富多样的美食和服饰,了解他们吃苦耐劳的精神,感受过他们的温暖,这使我与中国结下了不解之缘。我感谢真主给我机会,让我走上了解中国的道路,并学习中国独一无二的文化。

2020 年 3 月 30 日
多伦多

1974年至1977年这三年，我全身心投入在北京大学的缅甸语教学和《缅汉词典》的编纂工作。我很高兴，各项工作都顺利进行。更令我惊喜的是，在2016年，我被授予第十届"中华图书特殊贡献奖"，这是对我参与编纂《缅汉词典》工作的认可。

《缅汉词典》是目前公认的中国高校缅语专业学生的必备工具书。我必须说明的是，北京大学缅甸语专业的老师们才是编纂出这本精良的《缅汉词典》的最大功臣。

——通丁（缅甸）

我在北京的三年

通丁（缅甸）

通丁（Tun Tint），缅甸翻译家，教授，1935 年生于缅甸马圭省，就读于仰光大学缅文系，研究生毕业后留校任教，1958 年后，先后在多所大学任教，1974 年至 1977 年，受北京大学邀请赴华教授缅文和编辑《缅汉词典》；1981 年，担任缅甸文字委员会编辑，历任副总编辑、总编辑和局长等职。通丁教授著述颇丰；他翻译出版的《毛泽东诗词》一书得到业内高度肯定，他为中国第一部《缅汉词典》（商务印书馆出版）的编辑付出了艰苦努力，该词典已成为中国高校缅语专业学生的必备工具书。2016 年，获得第十届中华图书特殊贡献奖。

初到北京

那是 45 年前的一天，确切地说，那天是 1974 年 8 月 26 日。

经缅甸联邦正式许可，我第一次来到中国北京，准备到北京大学东方学系担任缅甸语老师。

当时，我已过 39 岁，职位是高级助理讲师。

离开缅甸时，中国驻缅大使、中国大使馆副秘书长和他的夫人、高等教育部部长及缅甸语系的多位好友、家人、亲戚和同事都到仰光国际机场为我送行。离乡之愁使我深感悲伤，然而，一到北京机场，缅甸驻北京大使馆工作人员、北京大学的领导及北京大学缅甸语系同事的热情欢迎让我的离愁别绪瞬间不翼而飞。热情的问候之后，他们将我送到临时住处——友谊宾馆安顿下来。

参观长城

在入住友谊宾馆两三天之后,我在他人陪同下前往颐和园和故宫游玩。

颐和园的风景美不胜收,故宫的文物让人目不暇接。我参观了很多文物,如古画、木器、竹器、漆器,还有青铜、金银和宝石制成的各种皇室用品。

看着中国的文物和艺术品,我的脑海中浮现出缅甸的民族遗产——曼德勒城的古城墙、护城河和金色的皇家宫殿。那里的地宫和皇陵也非常值得研究。

过去,我只从他人口中听说过、在照片上看到过长城。如今亲临目睹,这种激动人心的经历令人永生难忘。中国有句俗语叫"不到长城非好汉",这真的是一句著名的俗语。

20 世纪 70 年代,通丁先生和中国同事在北京大学合影

主要工作

1974年9月2日,我与北京大学东方学系缅甸语专业的中方老师见面,我们讨论了关于缅甸语教学的问题。让我很高兴的是,他们都非常热爱且擅长缅甸语。

20世纪70年代,通丁先生和北京大学东方学系的同事在北京佛牙舍利塔前合影

2016年,通丁先生与北京大学教授合影

经过讨论，我们针对缅甸语的教学及其他相关工作，制定了以下计划并获批执行。

1. 为已经有三年缅甸语学习经历并在相关领域工作的学生提供进修课程；
2. 修订缅甸语课程；
3. 举行关于缅甸语的讲座和讨论，每两周一次或每个月一次；
4. 编写《缅汉词典》。

上述四项计划中，编纂《缅汉词典》是重中之重。

20 世纪 70 年代，通丁先生和家人与编纂《缅汉词典》的北京大学同事合影

北京大学缅甸语专业有一本《词汇收录大全》，收录了许多词汇。经过查阅和研究，我们从中选择了充足的词汇。然后，我和中方老师各自用缅甸语、中文来解释这些词汇的含义。如果中方老师间出现分歧，我和中方老师通常会召集各方讨论，共同做出决定。

日常编写《缅汉词典》的工作很有趣味性。我们还讨论了缅甸语里究竟有没有"形容词"。

翻译毛泽东诗词

虽然将毛主席的诗词翻译成缅甸语不是我的主要工作，但它是我的工作之一。人们认为，诗的翻译必须保留诗的形式，因此，我以诗的形式来翻译毛主席的诗词。当时，已出版的毛主席中文诗词有36首。我希望，毛主席的中文诗被翻译成缅甸语后，译本能对热爱缅甸语的中国学生和缅甸的中国研究者起到很好的帮助作用。

因此，在中国缅甸语专业老师的帮助下，我尝试翻译毛主席的诗词。我尽可能在保留诗词形式的基础上，准确地表达原诗的主旨。这需要充分理解原诗中每个字的确切含义和每句话的整体意义，所幸，我成功地完成了翻译工作。

必要的时候，我会将缅甸语译文与英文译文进行比对，检查我的译文是否正确。我还经常把我的缅甸语译文拿给中国老师读，并询问他们译文有没有偏离原文，以此来确保主旨和含义忠于原文。我对自己翻译的作品非常满意。

第十届中华图书特殊贡献奖

1974年至1977年这三年，我全身心投入在北京大学的缅甸语教学和《缅汉词典》的编纂工作。我很高兴，各项工作都顺利进行。更令我惊喜的是，在2016年，我被授予第十届"中华图书特殊贡献奖"，这是对我参与编纂《缅汉词典》工作的认可。

2016年，通丁先生获得第十届中华图书特殊贡献奖，与其他获奖人一起在人民大会堂，与中国国家领导人合影

《缅汉词典》是目前公认的中国高校缅语专业学生的必备工具书。我必须说明的是，北京大学缅甸语专业的老师们才是编纂出这本精良的《缅汉词典》的最大功臣。

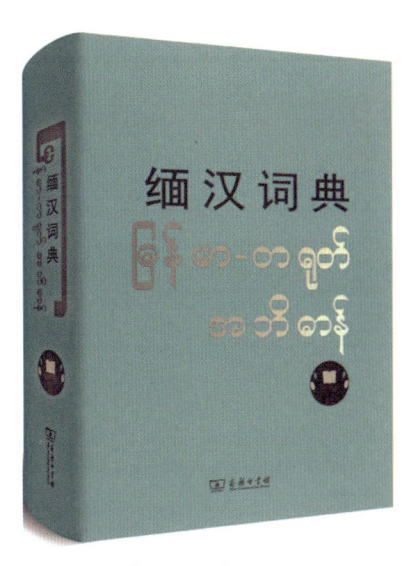

《缅汉词典》封面照片

初到中国，我内心对中国的激情就被点燃了。作为一个黎巴嫩人，我的归属和信仰来自阿拉伯国家，但我把自己的激情和热爱都献给了中国。我去过世界上许多国家，体验过许多不同的文明，但没有哪个文明对我的影响像中华文明这样深刻。

——穆罕默德·哈提卜（黎巴嫩）

我的中国故事
海外学者的中国缘

我的中国缘

穆罕默德·哈提卜（黎巴嫩）

穆罕默德·哈提卜（Mohamad El Khatib）1970年出生，毕业于黎巴嫩贝鲁特Ouzai商学院，1990年，加入黎巴嫩数字未来公司[(Di)gital Future Co., Ltd.]，2000年，成为该公司董事长，2009年起，与中国出版社合作，至今翻译引进200多种书籍并印刷发行近100多万册，将中国的优秀图书销售至十几个国家。

中国是一个历史悠久的文明古国，拥有数千年的历史，如今依然充满着生机和活力，并传承着悠久的传统。

初到中国，我内心对中国的激情就被点燃了。作为一个黎巴嫩人，我的归属和信仰来自阿拉伯国家，但我把自己的激情和热爱都献给了中国。我去过世界上许多国家，体验过许多不同的文明，但没有哪个文明对我的影响像中华文明这样深刻。

中国的一切都很特别，带着一种特别的热诚。从日常交往到手工艺品和古老建筑，从古老的音乐和独特的乐器、源远流长的文学和艺术传承到现代建筑，再到举世瞩目的高速发展的经济和占据世界主导地位的产业，都令我深深沉迷，倍感亲切。因为，我们在家族观念、文化价值观和传统上有着很多相似之处——这一切都根植于我的内心深处。最令我感慨的是，当今中国的发展并没有摒弃骨子里的古老文明，不管是在亚洲，还是在世界其他地方，都始终如一。法国作家伏尔泰这样描述中华文明："这个文明延续了四（五）千年之久，而她的规则、传统、语言和时尚几乎没有什么变化。这个帝国的体制确实是全世界所见到的最好的体制之一。"

老实说，我从来没有想过我与中国人之间的关系会发展得如此深厚，我从未想过我与中国文化会像现在这样亲近。我对中国和中国文化的了解非常浅薄，全部来自书本。而现在，我正在加深对中国文化的了解，并以深刻的认识、理解和情感与阿拉伯国家的人民分享自己对中国文化的了解。

缘起：初遇

我与中国的故事始于 2003 年年初，那是我第一次来到这个美丽的国度。当时，我参加了中国进出口商品交易会（简称广交会）。广交会是中国规模最大的进出口商品交易会，也被认为是全球最大的进出口商品交易会之一。我从事教育用品贸易、出版印刷及电子教学等方面的工作，参加广交会的一个重要原因是想了解中国的教育产品与文化知识，并且希望能借此找到契合阿拉伯国家的充满新创意和新思路的教具用品、出版印刷物和电教用品等。

至今，我还记得在广交会上寻找合作机会和拓展业务的情形。广交会上为社会不同阶层提供的各种产品让我震惊不已。这些产品涉及各行各业，既有轻便小巧的个人日常用品，也有体积巨大的工业设备。我发自内心地感受到，中国有很多值得我去探索的东西。中国人民善良友好，富有爱心。后来的经历也证实了这一点，其中，令我印象最深刻的就是无论走到哪里，总会看到中国人民脸上挂着和善的笑容。一方面，微笑往往给人一种舒适、安心的感觉；另一方面，对于一个初到异国他乡的人而言，微笑能消除紧张感，与人交谈起来更加轻松自在，打破生疏感。

此外，中国取得的高度发展水平也令我惊叹。怀着了解中国的热情以及对探索的热爱，我通过书本中的知识了解到，历史上，中华民族经历了很多磨难，有很长一段时间处于贫穷、落后和频繁被卷入战争的痛苦之中。

然而，勤劳勇敢、热爱生活的中国人民捍卫祖国的决心从未动摇。中华人民共和国成立后，中国人民坚持不懈，顽强拼搏，终于，到20世纪70年代末，形势得以扭转。随后，中国实行改革开放政策，在许多方面开始居于世界领先地位，过去暗淡的局面已逐渐消失。

第一次探访中国的经历，给我留下了清晰而深刻的印象。有种感觉和信念告诉我，未来世界的商业和发展将与中国的强大实力密切相关——她拥有大量的企业和工厂，以及强大的生产能力，是世界上任何其他国家都无法比拟的。我越来越坚信，世界的未来看中国。

从那以后，我开始明白，从1949年中华人民共和国成立之前的经济没落，到如今成为仅次于美国的世界第二大经济体，中国经历了巨大的转变。我发现，接触中国人民并与他们建立深厚的友谊会非常有益。只有这样，我们才能理解中国是如何实现如此巨大的发展的，并加以效仿。

中黎友谊源远流长

中黎友谊有着悠久的历史，并非始于1971年11月9日建交之时，实际上早在丝绸之路时期已经开始。丝绸之路连接着中国七大古都之一的西安市和当时亚洲大陆最西端一个沿海城市——腓尼基提尔城。由此可见，中黎友谊历史久远。如今，随着中国国家主席习近平提出"一带一路"倡议，中黎关系得到了进一步发展，友谊变得更加牢固。"一带一路"倡议再现了古代"丝绸之路"的传统，将中国与世界各国联系起来，重振了中国与阿拉伯国家，特别是黎巴嫩之间的文化和商业往来。自古以来，黎巴嫩不仅是人类文明的交汇点，在教育、文化和阿拉伯文学方面也具有深厚底蕴，这使得两国的互利友好关系在平等友爱的基础上得以延续。

在此，我想起了前不久出版的《携手同心——中黎百年友谊故事》一书。在阅读这本书的时候，我被书中一个关于中黎两国关系的精彩故事所吸引。该故事讲述的是，1997年，黎巴嫩人毕尔·艾布·哈特尔在山东聊城市捐建学校的经历。他的此举无关商业、利益或者宣传，仅仅是一种高尚人文情怀的表达。这种情怀源于他在与善良的中国人民交往过程中，心中升起的责任感。毕尔·艾布·哈特尔是首位在中国捐建学校（黎巴嫩女子学校）的中东人，他为中黎两国人民的友爱之情树立了典范，加深了两国之间的友谊。

这个故事，让我既欣喜又自豪，因为我的同胞对许多中国人的教育做出了贡献，这是黎巴嫩文化教育在世界上发挥作用的明证。

除了毕尔·艾布·哈特尔，中国作家冰心也为中黎两国的交流做出了贡献。她将黎巴嫩作家纪伯伦的作品翻译成中文，并将他的思想及体现"东方灵魂和温暖"的哲学和文学观点传递给了中国人民。当时，她的这一举措获得了时任黎巴嫩总统利亚斯·赫拉维的高度称赞，并向她授予了黎巴嫩全国最高官方勋章——"雪松勋章"。当然，我们也不会忘记阿德南·卡萨尔和阿德尔·卡萨尔兄弟，他们在改善两国经贸关系方面功不可没。他们为发展和维护中黎两国关系做出了贡献，他们与中国的故事承载了两国之间深厚的爱与尊重，见证了中黎两国长青的友谊。

与中国商业往来的起源

自2003年参加广交会之后，我开始与中国有了商业上的往来，这促使我走访了中国许多市县，开启了在中国寻找现代印刷机和教具生产公司之旅，每一次来到中国都有所收获。就这样，我到过的中国城市越来越多。到2004年，我已经从中国进口了10多个集装箱的出版物和教具，并将它们销往阿拉伯各国。这些产品广受欢迎，深受消费者的喜爱，我的目标也因此得以实现。

我意识到，我对自己与中国进行商业往来的看法是正确的，这鼓励我稳步前进，专注于高质量产品，进口更多的教具，实现了多元化生产。就这样，我成了中国产品和阿拉伯消费者之间的纽带。我发现，加深与中国的往来非常重要，因为中国制造的教育产品已经被证明了其实用性，并完全适应各个年龄段的阿拉伯消费者的需求。这也让我注意到，为孩子们创造各种教具的好处是，它不仅能增加更多的教学互动，还能消除在教育中面临的各种困难。时至今日，中国依然在不断开发设计更多这类新的产品。

  2007 年，我设立了一个代表处，以跟进我们所采购的教具在中国的生产情况，其开展业务的总部位于中国南部的深圳市。我聘请了一位中国女孩，她负责翻译和跟进我们在中国的业务，巩固与中国厂商的业务联系。就这样，我几乎每天都与中国保持着业务上的联系。

  在此期间，我开始清楚地看到中国人的认真程度，还清楚地看到该领域生产的高效率及工人的诚信、敬业精神。这些都积极地反映在产品质量、客户服务和市场口碑上。因此，我进一步增加了与中国的往来，提高采购量，直到阿拉伯市场充满了中国产品，由此，中国也成为我们进口教育产品的主要国家。中国人的创造性思维也令我震惊。他们设计了像点读笔这样的现代教育用品技术，在教学过程中运用视频和音频，让学习内容变得更加直观，降低了学习难度，使学习不再枯燥无味，以寓教于乐的方式，让学生享受学习的过程。教学材料不再给学生带来负担。相反，丰富的教学材料以学生喜爱的形式呈现，能够激励他们以最简单的方式学习。这是只有我上面刚提到的中国人的创造性思维与中国这样的制造大国所具备的强大生产力相辅相成，才能成就的绝妙理念。

2019 年，我与儿子和中国朋友在黄山

第一份中国图书版权合同

2008 年，我经常光顾一家位于中国深圳的书店，去探索出版领域相关的行业动态。这家书店品类丰富，品质精良，排列美观，充满活力。同时，中国文化和教育产品的多样性也引起了我的注意。在这里，我发现了一套由安徽少年儿童出版社出版的高质量文学作品，这家出版社主要出版儿童文学类图书，以激发儿童的技能和爱好，培养儿童正确的价值观和高尚品德。这套书图文编排巧妙，考虑到了青少年读者的年龄发展，并能很好地引起儿童的兴趣。于是，我心中涌起了一股热切期盼，一定要让阿拉伯读者看到这些中国新事物。因此，深圳的同事与出版社取得联系，购买了这套书的阿拉伯语版权。我期待，阿拉伯读者能从阅读这些文学作品中有所收获。这部作品形式有趣、内容浅显易懂，每本书的插图都能激发青少年的兴趣，增强青少年的阅读技能。通过阅读，孩子们还将了解许多人类共同的道德观和价值观，比如勇气、合作、友爱和帮助他人，读书既有乐趣，也有收获。

更重要的是，书中的内容涵盖了孩子们在家庭、学校的日常生活中面临的许多生活问题，并教会他们如何与人相处。这套故事集的所有优点都不断地在我的脑海中浮现，以致我想要取得其版权的决心也愈加坚定，因为阿拉伯国家也正需要这些。最终，在 2009 年，我成功取得了这套书的阿拉伯语版权，并与安徽少年儿童出版社签订了安徽省第一份以阿拉伯语发行中文图书的版权合同。

毋庸置疑，这对中阿双方都有益处。安徽少年儿童出版社和英明的中国领导人一样，对促进与阿拉伯国家的交流很感兴趣。因为他们充分认识到，这种交流将成为未来与阿拉伯国家关系的一个突出特征，通过这种交流，双方关系将在未来得以加强和延续。他们还认识到在阿拉伯国家传播中国书籍和文学作品的巨大好处。这让我对中国文化及其文学传播有了一个更系统的了解。从此，我开启了一场探索中国文化、文学和科学的知识之旅。

与安徽少年儿童出版社开展文化合作，成立第一家中黎合资出版社

与安徽少年儿童出版社签署合同后，我再次前往安徽，签署了另外一份新书出版合同。我开始意识到，中国出版商在选题策划方面正走向全球化。我认为，有必要将这种经验推广到书籍、故事和百科全书等关于中国文化的产品上，向阿拉伯读者展示，中国在很大程度上已经成为一个值得效仿的榜样，不仅在经济上，在文化上也是如此。从此，我与该出版社的策划人和负责人的会面越来越频繁，双方都认为扩大合作将产生积极的影响，对于双方互惠互利。

一方面，阿拉伯读者将了解各个领域的中国文化产品，并了解中国文学的博大精深；另一方面，中国文化将在阿拉伯国家传播，并获得广泛的受众——他们会为中华民族的伟大复兴和中国在各个领域取得的巨大进步折服；他们还将了解中国人为维护所取得的巨大发展成就而遵循的最重要的规则和基本点。中国的文学作品将由此进入阿拉伯市场，中国所掌握的现代化管理理念和复兴方法也将传播到世界的各个角落，这与中国领导人加强与其他国家的文化交流的远见卓识相吻合。

2015年，数字未来公司与安徽少年儿童出版社达成合作共识。双方一致认为，只有以一种良好的教育方式培育新一代，宣扬人类价值观和良好的道德风尚，才能把握未来。因此，双方在位于黎巴嫩首都贝鲁特的数字未来公司总部签署了战略合作协议，决定共同成立中黎合资出版社，并命名为"时代未来"。我们希望以最好的方式向阿拉伯国家传播中华文明，成为中国文化书籍、文学和学术著作出版的最大源头。

我的中国缘

2015年，我们与安徽少年儿童出版社社长、中国驻黎巴嫩大使馆文化处处长及贸易处处长在黎巴嫩注册黎巴嫩中文出版社

2015年，我公司员工与来自安徽出版集团以及中国大使馆的同事在我公司黎巴嫩总部的合影

通过出版合作发展中黎文化关系

在时代未来出版社成立之后的几年里,我去过许多中国城市。通过与中国人的交往,我对中国人也有了更深入的了解,我越是了解中国人,对他们的爱与尊重也就越深。他们总是把我当作自己人,给予我无微不至的关怀与照顾,让我即使远离故土也不会感到孤独。语言从来都不是障碍,与中国人交谈时,我感到安稳与和平,觉得中国就像是我的第二故乡。由此,我对发展出版事业的信念也更加坚定,希望以此来拉近中华文明与阿拉伯文明之间的距离,并在两种文明之间架起一座桥梁。我希望,我的同胞和阿拉伯兄弟也能感受到与这个伟大民族建立友谊的温暖和与这个国家交流的力量。同时,我们也有必要了解中国文化,亲身体会这个国家在文明和文化发展道路上所取得的巨大进步。于是,数字未来公司开始与多家中国出版社展开合作,签订了更多的版权合同,这些合作涉及 400 多种书的翻译出版,其中 250 种已完成翻译,还有数以千计的文学作品已经出版并在阿拉伯国家书店上架。这引起了中国政府的注意,他们开始重视我们在传播中国文化方面所做的努力,特别是这种努力符合"一带一路"倡议下发展、复兴的远见和决心。

2017 年,为了表彰我在传播中国文化方面所做的贡献,中国政府授予我"中华图书特殊贡献奖青年成就奖"。这让我感受到了中黎两国关系的温暖和亲密,感受到了中国政府对未来与中东国家特别是阿拉伯国家关系的关注,感受到了他们对维护和发展这种关系并将这种关系推向最高水平的渴望。毫无疑问,这让我坚定了继续走下去的决心,甚至与中国出版社共同合作大幅提高文化产出,进一步开拓出版中国书籍的事业。我所感兴趣的文化领域不断拓展,我的兴趣甚至拓展到其他领域。我的目标不再只是出版儿童文学,还出版了其他有关中国文化的书籍和文学作品等,如《中国文化丛书》,它着重介绍了文学、哲学、艺术、建筑、医学、时尚、社会事件、汉语等各个领域。我们还出版了许多经济学、社会学、法学等领域的学术书籍,当然还有许多才华横溢的中国作家的文学作品。2018年，由于我在出版事业方面的杰出表现，我与多家中国出版社的合作得到了加强，增进了中阿友谊，我再次受到中国政府表彰，荣获"一带一路奖"。

我们还启动了几个数字教育项目，向世界各国介绍中国开创的交互式教学，这将有助于加强中国教育产品作为世界各国现代教育资源之一的地位。

结语

今天，距我首次访问中国已有17年的时间，看到中国在各个领域取得的惊人成就，我由衷地对中国政府和人民表示钦佩和崇敬。

在我撰写本文时，新型冠状病毒在世界上传播。中国再一次让世界各国惊叹。

在抗击疫情取得初步胜利后，中国国家主席习近平发表声明，呼吁国际社会加强团结，共克时艰。中国言出必行，帮助了许多国家，从伊朗到意大利，再到黎巴嫩，还有许多没有出现在新闻报道中的国家。

中国驻黎巴嫩大使王克俭在其个人社交媒体上发布消息称，中国捐赠的两台体温检测设备已在贝鲁特哈里里国际机场部署。王克俭大使还表示，通过中国驻贝鲁特大使馆与黎巴嫩卫生部之间日常磋商，中黎两国就遏制新冠肺炎疫情展开了建设性的合作。

当"新冠"病毒在世界上大多数国家肆虐之时，中国成功控制住了疫情，开始回归正常生活。

当然，睿智的中国领导人深感对世界肩负的责任。他们尽最大努力向许多国家提供帮助，包括向这些国家派遣医生和专家，提供医疗设备。

"一带一路"倡议始于经济和文化领域，并将继续在医疗领域发扬光大，为人类创造共同的未来。

我曾对中国人的生活存在一些刻板印象。但多次的中国之行让我意识到，中国人——尤其是生活在城市里的人——过着简单而美好的生活。这种状态随处可见，在大街上、在坐满食客的餐厅里，以及在售卖昂贵商品却依旧人头攒动的商场中。

与波兰人一样，中国人与家庭的联系也十分紧密，也很爱自己的孩子，甚至达到了溺爱的程度。我认为，这种无条件的爱会对年轻一代产生负面影响，让他们变得自私自利、一味索取。但是，这种现象只是出现在部分人身上，大部分中国青年还是对世界充满了好奇，并渴望接受良好的教育。

——约安娜·马尔沙维克·卡瓦（波兰）

我与中国一见钟情

约安娜·马尔沙维克·卡瓦（波兰）

约安娜·马尔沙维克·卡瓦，波兰托伦哥白尼大学教授、政治科学和安全研究学院政治制度系主任、东方研究中心主任、阿达姆·马尔沙维克出版社社长，以及由波兰外交部部长、科学与高等教育部部长主持的亚洲国际会议的发起人和学术协调员；主要学术研究领域包括：欧洲议会制度、亚洲问题、政治制度及世界各国的宪政制度。

我与中国一见钟情

10年前，也就是第一次来中国之前，我对中国的印象还很模糊，所知的一切主要来自电影、书籍。然而，与中国第一次接触后，我感触良多。我有幸在通往中国的旅途中结识了一群优秀的人，是他们的不凡让我深深迷上了中国。尤其是苗华寿教授，我初次认识他，是在10多年前他来波兰讲学的时候。当时，苗教授接受了我们的邀请来到托伦。能有机会见到他，并聆听他关于中国的精彩演讲，我们感到万分荣幸。对波兰来讲，中国如此遥远，却在文化和传统方面与波兰如此相似。苗教授在我的大学——尼古拉·哥白尼大学（Nicolaus Copernicus University）进行了一系列的演讲，该大学是波兰最好的6所公立大学之一。当时，我帮苗教授组织召开了他与地区官员、市政府官员、大学管理人员及学校学生的多场会议。

我记得，苗教授的演讲引起了年轻人的极大兴趣。不论是那时还是现在，我们都对中国经济的变化赞叹不已，也正是这种变化，极大地提高了中国的实力。

除了苗教授的演讲，艾琳娜·斯瓦温斯卡（Irena Sławińska，中文名叫胡配方）的精彩故事也对我产生了很大的影响，同时，也强化了我对中国的好奇心。艾琳娜·斯瓦温斯卡于几年前去世，她是一位杰出的翻译家、记者和波兰语言学家。亚当·马萨列克出版社出版了她的《汉学》一书。同时，她也是第一部中波合拍电影《虎年之恋》的顾问，该剧由多名波兰优秀的演员出演。她是一位了不起的人，拥有高尚的品格和敏锐的女性直觉。来自中国的优秀专家和外交官都十分重视她的话语，并把和她沟通交流视为一种荣誉。人们常说，艾琳娜是最优秀的"波兰第一华人"，也是中华人民共和国在华沙的民间大使；同时，她也是波兰最优秀的中国学者。她用自己的智慧、微笑和专注，帮助北京与华沙双边友好关系不断升温。

我的首次中国之行还给我带来了另一个启发。缘此，撰写有关亚洲，尤其是具有影响力的中国人物的文章对我而言就变得自然而然。值得一提的是，北京外国语大学波兰语言学系的教职人员在我的中国之旅中扮演着重要的角色。他们之中有苗华寿教授、赵刚教授、易丽君教授、兹比克汉和莉莉亚，以及安徽大学原校长黄德宽教授等。与他们保持密切的联系，在很大程度上，加深了我对中国和中国人的正面印象。

直到今天，我还记得与中国艺术家、学者、商人富有成效的会面。我的首次中国之行主要目的是与中国人民大学的作家和学者会面。那时，我们已经开始与中国人民大学出版社建立密切的合作关系，同时，也与有合作意向的安徽出版集团商讨出版的相关事宜。

我深信，如果没有出版社负责人及其工作人员的积极参与和坚定决心，双方便不会有如此活跃、富有成果和令人满意的合作，也不会在波兰成功出版数百种中文书籍。在波兰出版的中文书籍不断丰富，增加了欧洲对中国及其经济、文化和历史的了解，同时，我们可以直接从中国作家那里获得这些知识。在我看来，这一点是特别重要和有价值的。有关欧洲和中国的研究人员、经济学家和哲学家作品的讲座,为我们加强未来合作指明了道路。

与中国人民大学出版社的签约仪式

与中国人民大学出版社社长李永强的合影

我需要强调的是，我非常有幸与中国朋友和同事建立起私人交情，我和我的家人都从中受益匪浅。

关于出版合作

显而易见，对于作者而言，找到能够理解其写作思想的读者尤为重要。只有这样，他们的作品才有意义。这就是为什么我对在中国出版自己的专著感到非常自豪的原因。到目前为止，我在中国出版了两部学术著作。第一本著作《欧洲议会与欧盟各国国家议会》（波兰语为：*Parlament Europejski a parlamenty narodowe w państwach członkowskich Unii Europejskiej*）的内容是关于欧洲各国议会和欧盟成员国执行权之间的关系。这部著作于 2011 年由中国人民大学出版社出版。第二部著作《加入欧盟后波兰议会的地位和作用》（英语为：*The Institutional Position and Functions of the Sejm of the Republic of Poland after the Accession to the European Union*）由中国人民大学出版社于 2017 年出版。在这部著作中，我分析了波兰共和国议会在波兰共和国加入欧盟后其地位和作用发生的变化。

我与中国的接触，主要涉及几个领域，首先是出版领域。亚当马尔沙维克出版社是波兰领先的学术出版社，在波兰科学和高等教育部"最知名出版社名单"上被列为波兰最负盛名的出版社。几年来，我一直担任该

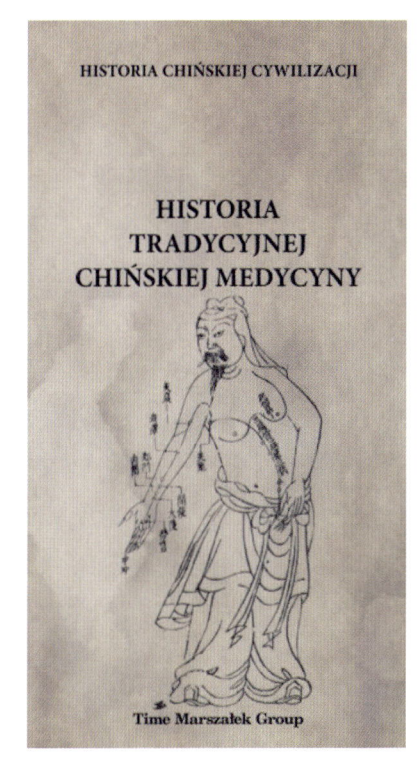

与中国大百科全书出版社合作：
《中国传统医学》

社社长。亚当马尔沙维克出版社先后与中国人民大学出版社、安徽出版集团、外语教学与研究出版社、外文出版社、中国图书进出口（集团）总公司、江西人民出版社、新世界出版社、研究出版社、华东师范大学出版社、中国社会科学出版社等签订了出版合同，每年出版中文图书数十部，出版合同数量也在不断增加。

在合作伙伴的大力支持下，我们出版社不仅出版了政治、经济、历史、文化、诗歌、文学等领域的单行本，还出版了关于中国主题的全套丛书。我引以为傲的是，与中国大百科全书出版社联合出版了《中华文明史话》系列丛书。这套丛书涵盖了博大精深的中国文化和绝大部分历史变革，其中包含中国武术史、饮茶文化、舞蹈、服饰、戏曲、诗词、长江、黄河、中医、体育等令人称奇的题材。

亚当马尔沙维克出版社目前已出版了大量书籍，其中一部分是汉语学习类图书，它们的出版非常成功。在波兰，越来越多的人希望学习汉语，并开始真正学习汉语。

在学术领域，我也同中国有过一些合作项目。与中国学者的接触极大地丰富了我的经验，为我提供了科学认知的新视角。正如我前面提到的，他们帮助我完成并出版了我的著作。我的第一部著作讨论了各国政府与欧盟成员国之间的关系，被波兰政治科学协会评为政治科学类最佳作品。

2017年，我非常荣幸地接受了中华人民共和国副总理刘延东女士颁发的"中华图书特殊贡献奖青年成就奖"。接受刘延东副总理的会见是一次奇妙的经历，它将长期留存在我的记忆中。这个奖项不仅对我，对亚当马尔沙维克出版社也同样具有重要意义。

我极为重视与中国相关方面的合作，而这一非凡荣誉是对迄今为止我所有努力的肯定，同时，也是对我们在出版领域所取得的合作进展给予的完美总结。

"中华图书特殊贡献奖青年成就奖"也标志着双方友好关系又将开启一个极富成果的新阶段，对此，我深信不疑。感谢我们优秀的出版合作伙伴，我对双方的未来充满了希望。

我眼中的中国

当代中国能够吸引游客的景点数不胜数，如寺庙、宫殿和美丽的自然环境等。这个充满魔力的国家——敞开胸怀接纳各色各样的人，欢迎各种合作。

时至今日，我仍记得，第一次在北京机场落地时的惊奇。在前往酒店的途中，我试图透过车窗寻找古色古香的建筑，但以失败告终。灼灼烈日下的北京向我展示了她的现代面孔——高楼大厦林立，宽阔的大街上车水马龙。

眼前的景象颠覆了我通过书籍和电影留下的对中国的印象。原来中国人早已抛弃自行车，改用小型摩托车和汽车了。我一路穿过广场、游公园、逛街道，寻找可以拍出好照片的场景。当时，在公园里休息的老人们给我留下了最深刻的印象。现在，我的脑海中依然浮现着跳华尔兹的情侣、进行体育锻炼的人群及业余乐队、歌手和魔术师的身影。他们始终面带微笑，心平气和，淡定自若。

我曾对中国人的生活存在一些刻板印象。但多次的中国之行让我意识到，中国人——尤其是生活在城市里的人——过着简单而美好的生活。这种状态随处可见，在大街上、在坐满食客的餐厅里，以及在售卖昂贵商品却依旧人头攒动的商场中。

与波兰人一样，中国人与家庭的联系也十分紧密，也很爱自己的孩子，甚至达到了溺爱的程度。我认为，这种无条件的爱会对年轻一代产生负面影响，让他们变得自私自利、一味索取。但是，这种现象只是出现在小部分人身上，大部分中国青年还是对世界充满了好奇，并渴望接受良好的教育。

夜晚的中国城市，灯光璀璨，人流涌动，给我留下了尤为深刻的印象。在不眠的城市里，你可以吃尽街边小吃，逛遍琳琅满目的商店，随时和卖家讨价还价。在中国，我学会了讨价还价。现在的我，还起价来已是得心应手。每逢到中亚国家旅行时，我都会运用这一技能。

对于中国过去几十年的动态发展，我们常说这么一句话："对于中国，我们的所知所见完全是两码事。"中国正在蓬勃发展。在欧洲，设计巨大的摩天楼都要耗时数年，而在中国只需几个月就能建成。矗立在中国城市的高楼大厦往往是由世界上最优秀的设计公司完成的，它们通常来自法国和以色列。

老生常谈的一句话叫"中国不可一言以蔽之"。这句话无时无刻不在提示着我们，中国是一个具有多重面貌和层次的国家：人头攒动的大都市、车水马龙的街道、略欠发达却又不断发展的农村，呈现了各式各样的生活面貌，展示了美丽多姿的自然风光——这些只是中国完整面貌中的一部分。近年来，欠发达的城镇发生了变化——那里修筑了崭新的道路，开发了全新的景点。而有趣的是，一个有着欧洲人外貌的外国人，仍然能够引起人们的注意。去年，我和女儿一起来中国旅游，在大街上，多次被人邀请合影，有那么一刻，我们甚至觉得自己是超级巨星。一群家长带着孩子排着队，想和我的女儿拍几张照片留作纪念。这让我很意外，但又让我感觉很亲切。这也再一次证明，尽管我不懂中文，但人与人之间有一个全球通用的交流方式——微笑。

和女儿一起爬长城

从北京外出的时候，我们乘坐的是车速可达每小时数百公里的第三代高铁。豪华的车厢和优质的服务让旅途变得愉悦且便捷。坐在车内，可看到窗外掠过的农田里，几乎全部种满了农作物。

在中国，不仅是展开了现代化建设、进行了先进技术投资的城市正在发生变化，中国人的生活条件也在不断改善。政府为市民修建了全新的便利设施，空间布置得非常细致，尤其是在绿色建筑领域。

中国城市之美

我注意到，如今的中国城市变身绿色城市的过程令人十分钦佩。城市中，种植了各色美丽的灌木、花卉和树木。地方政府非常重视自然环境和绿地保护。

美丽的中国绿地

说起"中国不可一言以蔽之",中式菜肴同样丰富多样。在波兰,中餐馆里的饮食都是根据欧洲人口味调整过的。当然了,肯定要有很多酱料。在波兰语中甚至有专门的一个词"pl.chińszczyzna"表示中餐,这个词有些暗示中餐基本上都是一个味道。我曾经了解和喜欢的就是那样的中餐,直到后来,我才品尝到了中国厨师烹调出的口味丰富而又富有艺术性的中式菜肴。甜味、咸味、辣味……他们像魔术师一样,烹饪出的菜肴像是艺术品。游览中国时,我曾荣幸地受邀到高档的餐厅就餐,但我也在比较普通的餐厅和酒吧吃过饭。此外,我还尝过街头美食。无论是用我叫不出名字的植物、花卉制作的素食,还是用猪肉、鸭肉、牛肉等制作的荤菜,都很好吃,而且它们有着独特的烹饪工艺甚至带有艺术性。美味的蔬果、海鲜、鱼肉,还有各色其他小吃摆上餐桌,不变的是它们都会配上可口的绿茶。曾经,我还需要试着习惯它的味道,而如今,我根本无法想象,没有它的一天该如何度过。我爱上中国菜已有多年,而我最迷恋的则是饺子。对我来说,最好吃的是我的外婆玛丽西亚所做的猪肉、白菜和香菇馅的饺子。我曾坚信,没人能像她一样做出如此美味的饺子。但在中国,我发现了外婆饺子的味道。而且,中国饺子的做法——就像中国人口一样——是波兰的千万倍之多。我喜爱的中国美食还有馄饨。中国人是烹调面食的高手。作为中国美食爱好者,我补充一点——第一次来中国的时候,晚餐配红酒可不是那么容易的事情。几年后,在这方面也发生了变化。

中国一直在以更加开放的姿态不断地发生着变化。在中国人的价值观和原则允许的范围内,中国适应了不断变化的世界。而不变的是中国人友好善良和乐于助人的品质。记得在一次访问上海时,我们代表团有一个人不会使用筷子。他请服务员提供刀叉,但餐厅里并没有刀叉。于是,餐厅的服务员就特意跑到附近的商店为他购买了一套。

第二次来北京的时候,在中国朋友们的帮助下,我成功实现了一个梦想,那就是观看了一部中国戏曲。对于我的一部分朋友来说,这些戏曲枯燥乏味,令人难以理解。但对我来说,它们的色彩、构图、信息、戏剧性和神秘感让它们充满了魅力。声乐、表演、模仿、朗诵、哑剧、特技元素，甚至是武术中的一些典型动作的相互结合，都十分令人陶醉。演员们身着传统服装，配上特色妆容，看上去本身就像一件艺术品，构成了难忘而精致的一幕。戏曲表演伴随着中国古典乐器的伴奏，让人仿佛进入了一场时空旅行，一切都美丽迷人又富有异域风情。

戏曲和剧院给我的印象和情感是如此的强烈，以至于我每次来到中国，即使没有时间去剧院看戏，也会在电视上看一些戏曲片段。不管是老一辈的中国人还是年轻一辈的中国人，都喜欢中国戏曲。业余团体在公园里聚会，模仿戏曲角色。这种在生活各个方面中保留传统，同时又向世界开放并展望未来的姿态，只会让我更加敬佩，也提升了中国在我心中的正面形象。

我所了解的中国，不仅尊重传统，也非常注重家庭关系。快速的经济变迁并未打破这一原则，它依然保持不变，这是中国社会稳定运行的基础。孩子们的任务是在日后照顾年迈的父母。这看似简单，实则意义重大。我认为，对历史的记忆和对家庭关系的特别尊重，让波兰人与中国人如此接近。我们两国相距虽远，价值观却如此相近。还有什么能把我们联系在一起呢？答案很简单——那就是对优秀的波兰作曲家肖邦的热爱，他的思想以音符的形式流传下来，被中国钢琴家完美地理解并演奏出来。

在游览中国的寺庙时，我的内心充满了融入感，这种感觉在所有的寺庙中都同样强烈。它们或隐于深山，或隐于市井。在波兰和中国，宗教都是独立于教化外的，但是它又都是所有社会生活的重要组成部分，它指导着我们的价值取向、行为和决定。我在中国游览了很多寺庙，在这些壮丽建筑的围墙内，我感觉到了一种奇妙的气氛，充满了灵性及对天命和人生挑战的尊重和谦恭。

中国人十分热情好客。主人会尽量为客人规划好一天中的每一刻。从清晨的早餐开始，到傍晚的会谈和共进晚餐，日程安排得很满。很多人都很在意客人的舒适感。这当然很好。但遗憾的是，在精心准备的计划中，缺少休息和单独游览参观的时间。即使来过中国多次，也可能没有时间去看普通人的生活。我曾遇到过这种情况。我们多次要求导游带我们到市中心和老城区参观,他却带我们去商场,我们抗议无效,只能在商场闲逛,而这一切仅仅是因为这是计划好的。

这些不起眼的平凡事物,比如酒店中极其丰富却主要以油炸食物为主的早餐,可能会让欧洲人感到惊奇,但从另一个方面来说,这些事物给中国创造了一个充满异国情调、充满吸引力的形象——一个让人渴望再来、渴望探索、渴望认识的国家。

在中国,一个词有很多种含义。在这里,交通拥堵,司机们鸣笛开路。人行道上、商店内、观光点和人文景点总是人山人海,到处都要排很长的队。机场、公交车站或火车站也非常拥挤。在坐满了顾客的餐厅和酒吧里,充斥着巨大的噪声,服务员时常使用麦克风喊话。中国地域辽阔,也有许多民族和方言上的差异。所有这一切,都让人觉得自己就像一台巨大的先进机器中的一个小小齿轮,永远不会停止工作。这会让一个欧洲人感觉受到了激励,但有时也会感觉疲劳。不断变化且不眠的中国城市呈现出一种吵吵闹闹、熙熙攘攘、匆匆忙忙的状态,城市居民与先进技术共生共存。无数个监控摄像头守护着城市的安全,移动支付基本取代了纸币和硬币。只有乡村还是一派安宁祥和,那里的时间似乎流淌得更慢,男人们聚在家门口玩传统游戏。

我不知道在 10 年或 20 年前,波兰人对中国和中国人有多少刻板印象。但我知道,现在仍有很多。只有面对面的会谈和持续的合作才能打破刻板印象,至少对我来说是如此。我不得不承认,我也曾有一些这样的刻板印象。比如说,我至今还记得,当我发现中国人一点都不矮小时的惊讶之感,而这是我从小就在脑海中形成的印象。但当我真正来到中国的那一刻,这种想法被改变。站在候车人群中,我感觉自己十分矮小。

另一个在现实面前不攻自破的谬见是欧洲人反复提起的一个刻板印象,即中国人生活在贫困之中。事实上,一个普通的城市居民收入不错,他们住在宽敞的公寓里,开好车,下餐馆,穿名牌衣服,可以负担起各种娱乐活动。也有一些西方反复提起的刻板印象是正确的,例如中国人很勤劳,中国人口很多,他们吃米饭、喝绿茶。过去的几年中,我还验证了欧洲人认为中国人都很瘦的这一刻板印象并不准确。我第一次来中国的时候确实没有见到超重的人。遗憾的是，如今的情况看起来似乎有所不同，很多中国人都有超重的问题，主要人群以青少年和儿童为主。从某种意义上来说，如此大量的超重人群，是因社会富足和久坐这种生活方式产生的。还有一个原因是，垃圾食品代替了健康的传统食品，盘中食物的分量很大。在一次夜间散步时，我看到上百个年轻人用巨大的红色塑料杯喝着可口可乐。

中国是最古老的世界文明中心之一。一个人可能需要数百年的时间才能充分认识其历史、传统、文化和语言。哪怕是来中国几十次，也无法真正成为研究中国的专家。当代中国是世界上人口最多的国家，国土面积位居世界第三。中国的不同地区，在饮食、习惯、文化、方言等方面都有显著的差异。游客对中国的共同印象是中国人的微笑和热情好客。中国是一个让人想再来的地方。每一次参观总会颠覆之前的想象、印象和观察。然而，正是这丰富多彩的变化，才是最让人印象深刻和着迷的地方。

2000年，在摩洛哥国王穆罕默德六世访华期间，我辗转于北京、上海和香港三地，注意到了中国翻天覆地的变化。中国正在成为一个新兴国家，甚至是一个经济大国，这是值得尊敬和钦佩的。这次访华，我有幸签署了中国与摩洛哥在旅游领域的首份合作协议。

同年，我代表摩洛哥王国出席了中非合作论坛（FOCAC）首届部长级会议，有幸见证了中国为推进非洲国家经济发展做出的努力。

2009年，我当选拉巴特市市长及世界城市和地方政府联盟司库。此后，我又3次来到中国，了解中国城市的经济运营模式，投身于加强摩洛哥城市与中国城市间的合作。

——法塔拉·瓦拉卢（摩洛哥）

遇见中国

法塔拉·瓦拉卢（摩洛哥）

法塔拉·瓦拉卢，摩洛哥经济学家，教授，曾先后担任摩洛哥经济学家协会主席、阿拉伯经济学家联盟主席，经济和财政大臣、拉巴特市长、国会议员，出版过关于经济理论、金融政策、国际经济关系等相关领域的图书。目前，他是新南方政策中心的高级研究员。

我与中国首次相遇

20世纪60年代，我在巴黎大学攻读博士学位。当时，我负责领导巴黎的摩洛哥学生运动，并于1966年当选为摩洛哥学生运动主席。后来，我应邀参加了总部位于布拉格的国际学生联合会举行的国际学联会议。

因此，我关注到有关中国和苏联的一些辩论。让我记忆犹新的是，这些辩论后来演变成矛盾冲突，并导致了关于中苏意识形态争论的学生运动最终走向分裂。尽管如此，我承认我在本篇关于中国的文章中存在一定的同情和偏向，原因有两个。第一个原因，是中国为了在帝国主义（西方列强、日本和俄国）统治下获得解放，进行了长期艰苦的斗争。第二个原因则与中国农村和农业革命基础有关。从这两个方面来看，作为第三世界非洲阿拉伯国家的摩洛哥与中国存在着惊人的相似之处。

1976年，我当选为拉巴特市议会议员。随后，我于1977年，当选摩洛哥议会议员，并于1983年，成为议会社会党主席。

1985年，我以议会社会党主席身份首次访问中国。回国后，我用阿拉伯语撰写了6篇系列文章，记录了我对这次访问的印象。后来，我把它们收录到一部短篇著作中。该著作主要阐述了当时的中国同时存在的两种思想和理论，即毛泽东思想，以及在以毛泽东思想仍占主导地位的背景下，邓小平领导中国逐渐走向改革开放，形成了新的邓小平理论。

例如，自行车当时仍是城市的第一大交通工具。与此同时，中国成立了第一个经济特区（深圳），逐渐放开中国工业产品的出口，并在后来成为世界工厂。

1998年至2008年，我曾担任摩洛哥经济和财政部部长，同时于2000年至2002年出任摩洛哥旅游部部长。任职期间，我曾三次访华。

2000年，在摩洛哥国王穆罕默德六世访华期间，我辗转于北京、上海和香港三地，注意到了中国翻天覆地的变化。中国正在成为一个新兴国家，甚至是一个经济大国，这是值得尊敬和钦佩的。这次访华，我有幸签署了中国与摩洛哥在旅游领域的首份合作协议。

同年，我代表摩洛哥王国出席了中非合作论坛（FOCAC）首届部长级会议，有幸见证了中国为推进非洲国家经济发展做出的努力。

2009年，我当选拉巴特市市长及世界城市和地方政府联盟司库。此后，我又3次来到中国，了解中国城市的经济运营模式，投身于加强摩洛哥城市与中国城市间的合作。

2009年，世界经济面临严峻的金融危机。这场危机从美国开始，并迅速蔓延至欧洲，进而演变为全球经济危机。我注意到，中国再次以恰当方式平稳度过了这场危机，就像1998年亚洲经济危机时一样。我还发现，由于中国以其巨大的财政盈余和在国内实施的内部经济复苏计划，在很大程度上为缓和世界经济衰退做出了深远的贡献。

为此，我开始对中国从发展中国家阶段到新兴经济体，再到世界第二大经济体的40年历程进行深刻的思考。

在这个过程中，我获得了极大动力，并准备写一部关于中国的书。这部书命名为《中国和我们》，最终于 2017 年完成。

我的中国著作

我发现，中国自 20 世纪 80 年代以来取得的惊人发展，是 20 世纪末、21 世纪初世界上最重要的事件之一。而苏联解体被认为是 20 世纪的地缘政治事件。这意味着，中国主动选择了通过经济发展来改变其在世界上的地位。我们可以将中国的这一决策视为重大的经济事件，并产生了巨大的地缘战略影响。在我看来，意识形态斗争必然导致战争，而经济竞争必然产生合作、共存和妥协，从而促进稳定与和平。

在邓小平的领导下，中国希望积极参与世界经济发展与合作，以期最晚在 21 世纪初建立自身重要的世界经济地位。我注意到，由于中国的经济发展活动，中国已成功地在世界舞台上实现了自己的目标。如今，中国在国际事务中拥有着极大的影响力。中国的经济日渐成熟，正作为重要合作伙伴，与世界其他国家互惠互利，全面参与世界其他国家的发展。

我认为，世界需要中国以实现更多平衡、发展和正义。在我看来，中国的世界地位有助于推动和平衡全球经济，建设不同文明相互认同且共存共荣的新世界。同时，世界需要中国来维护全球生态平衡、应对气候变化（中国加入《巴黎气候协定》）、治理污染，并促进新能源和绿色经济的发展。我更注意到，随着 2008 年世界经济和金融危机的爆发，北半球经济呈现疲软态势（特别是欧洲和美国），导致其失去了作为国际经济领头羊的专属地位，中国则站在了国际经济舞台的中心。甚至可以说，北半球国家也需要中国经济保持活力，通过向中国出口商品和服务获得良好的经济增长。在世界经济危机期间，北半球国家靠中国的金融盈余减轻了经济衰退产生的影响。同时，从 21 世纪初到 2014 年，南半球国家得益于中国市场对原材料和能源产品的需求，享受到了中国经济发展的红利。正是这种红利帮助非洲各国摆脱了自独立浪潮以来 40 年的长期经济停滞状态。

思考中国的经济崛起，我需要首先了解中国是如何以辩证思维解决众多国家矛盾的。

第一个矛盾是中国改革开放和市场经济与共产党及国家核心作用间的矛盾。这实际上是管理和调节国内经济关系，即公私经济、贫富差距、金融与实体经济关系的核心。事实上，发展是市场经济与国家控制下的公有制经济关系的基础。

第二个矛盾是以先进技术为基础的生产方式与几十年始终处于世界最低工资水平的矛盾。中国经济的成功源于其有效地解决了这一矛盾。金融盈余来自生产力，同时也得益于较低的工资水平。然而，自2010年以来，中国经济步入了新的阶段，工资上涨正成为拉动国内需求的重要引擎。这种现象在中国经历了40年发展后开始出现，而在欧洲，这大约需要两个世纪。自2014年以来，正是国内市场的主导地位带动了中国发展模式的转型。

第三个矛盾与中国同亚洲地区其他国家的关系有关。我注意到，尽管存在着各种矛盾，中国自1980年以来不断推行的政治改革始终伴随着对邻国的不断开放，正是这种开放，结束了中国与周边国家的政治和历史对立。

在中国香港、中国澳门和中国台湾的开放过程中，中国始终致力于保证自身的主权和领土完整。中国已经成功恢复了对香港和澳门的主权，同时，计划未来在"一国两制"框架下统一台湾。在经济领域，中国一直得益于香港金融业的经济活力。

中国与周边地区的矛盾主要来自与周边国家和组织的冲突、历史遗留问题。作为摩洛哥人，我一直对中国在领土统一进程中的做法颇有兴趣。事实上，摩洛哥和中国一样，一直面临着来自法国和西班牙的各种帝国主义侵扰。对摩洛哥而言，领土完整问题涉及南部各省，以及后来的休达和梅利利亚等地中海城市，而这些城市仍处于其他国家的控制之下。我一直认为，摩洛哥在实现领土完整的过程中，可以借鉴中国"一国两制"的解决办法。中国非常渴望维护与周边国家的关系，一方面，通过睦邻友好合作，提高相互依赖程度；另一方面，则是积极消除彼此之间的对抗因素。

在解决这些矛盾的过程中，中国始终坚持经济对外开放，同时严守国家利益和领土完整底线。

与其他亚洲模式一样，中国模式成功地实现了现代化发展与历史和文化遗产的和谐统一。即便在亚洲，中国也以共产党为核心，巧妙化解了历史问题。这也是为何中国以责任、民主集中制和公平正义理念为依托，以中华民族所依存的孔子哲学中的和谐智慧为基础，对全球化做出积极响应的原因。

取代问题

在研究中国自 1979 年以来的崛起时，我不得不指出与中国同世界经济关系有关的两个概念：赶超和取代。

自 19 世纪末以来，说到经济赶超，人们都会想到新兴经济体，即美国、加拿大和澳大利亚等这些曾经的欧洲殖民地。赶超概念同样也适合指从 20 世纪 60 年代开始快速发展的日本。这些国家的目标是赶超和取代号称工业革命和资本主义发祥地的西欧国家。

对于实现经济和地缘政治惊人崛起的中国而言，似乎更适用取代概念，原因有三点。

首先，自 1840 年以来，中国一直处在英、法、俄、日等帝国主义国家的支配下。赶超在这里实则是指"被殖民

2018 年，获得中华图书特殊贡献奖

者"取代"殖民者"。

其次，这与中国的人口实力有关。赶超是全体国民为一雪历史之耻所做的共同努力。最后，我们不能忘记，中国是拥有几千年文明的大国。在18世纪以前，中国被认为是世界上最强大的国家。

第二个概念与取代有关。我给《中国与我们》起的副标题是"对二次取代的答案"。实际上，中国崛起及亚洲崛起问题对阿拉伯世界、非洲和南地中海国家而言是一个重大挑战，需要他们对此给出答案。自18世纪起，非洲和地中海地区第一次面临被西方国家殖民和取代。这次取代发生在西方国家完成从工业资本到金融资本的过渡之后，导致了欧洲国家和世界帝国主义国家对非洲地区的殖民。

后来，世界经济的中心从地中海转移到北欧，然后再到大西洋、美国和太平洋地区。自第一次世界大战以来，特别是第二次世界大战以后，美国成为世界经济强国。

诚然，非洲国家在政治上是独立的，但中国的崛起要求和迫使我们去寻找二次取代的答案，以及与这个新兴大国进行大规模合作的手段和工具，如同我们与西欧国家保持的广泛合作一样。今天，中国正在敲响我们的国门。中国是许多非洲国家和若干阿拉伯国家的首要合作伙伴。这种合作在金融和工业领域具有多样性，同时正在逐渐向文化领域扩展。此外，中国还制定了应对全球化的国际战略，即"一带一路"倡议（BRI）。中国的这一行动是在全球化的框架下采取的。

应对二次取代对地中海国家极为重要。如今，曾身居海上交通要道的地中海地区已失去往日的光芒。在南半球国家，分别发生在1973年、1980年和2007年的三次石油危机，导致了在发展和工业化领域的无效投资。阿拉伯和非洲的石油经济变成了仅仅以原材料出口为基础的租赁经济。自2011年以来，中东与北非地区经历了恐怖主义泛滥、国家和政权解体的历史时期。这些因素对非洲和地中海地区的发展形成了挑战。

在北地中海，欧洲经历了非常艰难的时刻。2008年的金融危机导致经济增长持续低迷。而中东地区的动乱和紧张局势也正在发酵。同时，非洲的安全问题，尤其是移民问题给欧洲造成了诸多困扰。

成功获得政治独立的非洲国家，在经济发展方面还有很长的路要走。作为曾经的殖民者，欧洲国家要求有效参与非洲的经济发展，而中国作为新的世界强国也将发挥重要作用。

非洲和地中海地区国家应积极响应中国的"一带一路"倡议。这一地区积极响应中国崛起，可能使地中海地区在一定程度上重拾过往的世界中心地位。

中国对非关系

对中国进行研究，我产生了两个疑问，即中国对非洲的合作战略及中摩两国在非洲可以有哪些合作。

非洲被称为"21世纪的非洲"，在人口问题上尤为明显。众所周知，21世纪将经历人类历史上最大规模的人口大爆炸。到本世纪末，非洲人口将占到世界人口的40%，而亚洲人口将占43%（目前占63%）。巨大的人口增长将为非洲和世界带来挑战和机遇。

非洲的挑战在于，可能面临巨大的粮食需求（饥饿和营养不良风险）及卫生和教育需求，导致其仍然是世界上的贫困大洲。

而非洲的机遇则在于，有望以更快的速度实现世界最大规模的城市化进程，中产阶级人口数量不断扩大。尽管如此，如果非洲能够有效促进农业和能源以及矿产等大宗原材料资源的开发，同时加强工业部门的发展，则其在世界经济中的吸引力必将明显提高。21世纪，非洲将代表南半球和第三世界国家，挑战北半球发达国家，并面对以中国为首（中国将在2050年以前成为世界主要经济强国）的亚洲国家。

非洲是一个多元化的大陆，国家林立，其中有的国家拥有庞大的人口数量，而有的则拥有巨大的能源、农业和矿产开发潜力。大部分非洲国家都位于撒哈拉沙漠以南地区，而地中海南岸的北非国家则与日渐衰老和落后的欧洲大陆隔海相望。诚然，中国是非洲国家的首要合作伙伴，但我认为，中国也需要聆听非洲国家的意见，为非洲国家的发展做出贡献。

在中非关系发展过程中，共有三个重要历史时刻。

第一个时刻即中华人民共和国成立之时，转眼间，中国已度过了自己的 70 年华诞。中国从一开始便对非洲人民争取独立给予了大力支持。在 1955 年的万隆会议上，中国发挥了重要作用，巩固了与世界上仍在进行政治和经济斗争、反对一切形式帝国主义的国家之间的团结。在此次会议上，周恩来总理发挥了至关重要的作用，直接促成了"第三世界"及后来"南半球发展中国家"等概念的形成。非洲国家相继政治独立后，周恩来总理在 1964 年来非洲（包括摩洛哥）开展了大规模的访问活动。他在阿克拉的演讲被视为中国与非洲国家关系的理论基础。这一主要阐释政治原则的理论为"南南合作"铺平了道路，表明了中国愿意帮助敢于承认中华人民共和国地位的非洲国家与贫困、与帝国主义做斗争。1958 年的摩洛哥就是这种情况。一开始，中国与非洲国家的合作规模并不大，主要涉及卫生领域的技术援助，以及综合体育场馆的建设支持。

我特别强调的是，关于中国和非洲国家关系的第二个重要时刻，与中国自 1979 年以来实行的改革开放和市场经济政策有关。处于产业发展初期的中国，需要进口各种原材料、矿产和石油。于是，中国看向了自然资源丰富的非洲。因此，中国与非洲国家建立了以经济为主导的新型伙伴关系。江泽民主席在亚的斯亚贝巴发表的声明中，强调了全新的双赢伙伴关系。中非关系成为世界多元化进程的一部分，同时，中国也成为许多非洲国家的最重要的经济伙伴。

作为首要合作伙伴，中国从非洲国家采购原材料、矿产、农产品和石油，同时向他们输出优质的工业产品。

作为外部投资伙伴，中国正在为许多非洲国家的基础设施，如港口、公路、铁路、行政和文化设施等项目提供资金支持。除了健康和文化方面的技术援助外，中国同时带来了资金。

在农业领域，中国正通过技术援助或直接进行农业土地开发构建中非农业合作。这种新型关系也带动了双方的人文交流，中国人会赴非从事基础设施项目建设,而非洲学生则会前往中国接受教育。我在研究中注意到,中国与非洲的伙伴关系促进了后者的经济发展。2000年到2014年,非洲国家的平均经济增长率超过了5%。在此之前,非洲经济实际上处于停滞状态。

2014年是中非关系第三个重要时刻。当时,中国经济变得更加成熟,增长率开始下降至7%左右。这对非洲经济产生了直接影响。实际上,中国对非洲的原材料需求下降了。我注意到,目前中国已采取了两项重要举措。第一项举措与经济发展模式有关。中国经济开始更多依赖国内市场及新型技术、数字、人工智能和绿色产业。第二项举措则涉及中国与世界其他国家的关系。"一带一路"倡议即在这个框架下提出的。

我认为,这两项举措将对中非关系产生积极影响。在这一背景下,习近平主席主持召开了两次中非合作论坛(FOCAC)峰会。第一次是2015年的约翰内斯堡峰会,第二次则于2018年9月在北京举行。两次峰会就中国与非洲大陆的关系做出了两项重要决定:第一项决定是,中国将向非洲输入资金600亿美元,作为外国投资为非洲的工业和开发项目提供资金;第二项决定涉及中国对非洲国家的部分产业转移。

摩洛哥与中国的合作机遇

摩洛哥根植于非洲大陆,多个世纪以来,在所有西非国家间起到精神纽带的作用。在默罕默德五世流亡时期,摩洛哥参与并为非洲国家的独立发挥了重要作用。1960年,摩洛哥成为卡萨布兰卡集团(Casablanca group)的原成员国之一。该集团是非洲统一组织(OAU)的前身,后又改组为现在的非洲联盟。

自2005年以来,穆罕默德六世国王多次访问非洲各国,并在银行、建筑、公用工程、电信和化肥等领域对外进行投资,加强了摩洛哥与其他非洲国家的关系。摩洛哥还承诺在打击非洲不安全因素及恐怖主义方面发挥重要作用。经济方面,摩洛哥的目标是成为欧洲与非洲及整个地中海地区间的重要经济枢纽。

在这一背景下,我对摩洛哥和中国在非洲的合作十分感兴趣。中摩合作的第一个领域涉及城市工业,其中包括名为穆罕默德六世科技(Mohammed VI TECH)的项目。目前,该项目正根据中国企业与(非洲BMCE银行)摩洛哥银行签署的合作框架协议顺利推进。该项目是中国在埃塞俄比亚开发的一个特别工业区。有望加强摩洛哥在非洲和欧洲之间的纽带作用。

第二个领域则与粮农部门有关。摩洛哥希望通过化肥企业(OCP集团)帮助尼日利亚和埃塞俄比亚这两个非洲人口大国建立综合性化肥工业设施。摩洛哥也有意促进非洲国家的粮农经济发展。我认为,摩洛哥可通过自由贸易区与中国开展三边合作,促进非洲的农业发展,以满足非洲对粮食的巨大需求。众所周知,摩洛哥是仅次于中国的第二大磷酸盐生产国,但拥有世界上最多的磷酸盐储量。我认为,中摩两国共同合作,尤其是在非洲的化肥领域,符合中摩两国的利益。

最后,中摩合作的第三个方向是融资和烘焙行业。穆罕默德六世访华期间,摩洛哥三大行,即Attijariwafa银行、人民银行(Banque Populaire du Maroc,BCP)和非洲外贸银行(BMCE Bank Group)与中国签署了战略合作协议。同时,非洲外贸银行还在青海设立了代表处。我认为,中非合作为中摩两国银行加强合作伙伴关系提供了许多契机。

2014年,中国的经济已变得足够成熟,同比增长率从10%下降至7%。显然,这是2008年世界经济危机延迟性影响显现的结果。这种增长率变化一方面与中国经济的成熟有关,另一方面则与过去40年强劲增长带来的经济和社会转型有关。增长节奏的变化产生了两个结果,一方面,中国对商品和服务的外部需求减少,另一方面,中国从国外进口的石油和原料减少。我注意到,自习近平主席上任以来,这种经济转型是与政治变革同时发生的。

中国的新领导人同时将近期的内部革新延伸到了对外关系上。从这些方面来看,中国采取了两项举措。

第一项举措涉及国内经济。在经济方面，中国开始转型经济发展模式，旨在为高度成熟、复杂性和多样性不断提高的国家经济寻找出路。过去，中国经济主要由低劳动成本行业的出口拉动。如今，中国经济的活力更多地与收入增长、国内市场扩大、环保和绿色经济意识提升，以及新数字技术和人工智能发展挂钩。显然，中国经济发展模式的这种转型将为中国在世界经济中的地位带来质的变化，同时，也将为中国国内经济结构带来新的变革。出口产品将日益多元化。今天，中国已成为世界第一大出境旅游国。同时，中国也已成为一个资本输出国，对外投资额超过了进入中国的外资金额。

中国的第二项举措涉及中国的对外关系，即启动了"一带一路"倡议。该项倡议包括公路、铁路和航道等基础设施建设，通过中国西部各省与南部大型港口，实现中国与世界的陆地和水上连接。

对我而言，这两项举措旨在通过一系列项目，即中国向欧洲、亚洲、俄罗斯和非洲及地中海地区提供的道路、基础设施、能源产业和文化项目，与世界建立起一种对话机制。我对这两项举措的解读来自这样一个事实，即我是摩洛哥人，摩洛哥既属于阿拉伯世界，也属于非洲地区。这些举措令我感兴趣的是，我将有机会观察和跟踪它们对欧非连接之海——地中海地区的影响，以及它们是如何连接中国海域与地中海，又是如何触及非洲大陆并促进其经济发展的。我认为，这两项举措将推动世界经济趋于平衡，并帮助非洲国家改善本国经济，但前提是，中国必须提出并有效实施适当的合作方式和手段。

在这一背景下，中国和非洲国家先后于 2015 年 12 月和 2018 年 12 月在约翰内斯堡和北京两次举行首脑会议。在这两次会议上，习近平主席提出了两大主要建议，以期加强中非合作伙伴关系。一方面，中国拟通过对外开发投资、技术援助和文化活动等形式，向非洲国家输出 600 亿美元资金，即量化建议措施。另一方面，中国将通过向非洲国家外包部分工业生产环节，加强非洲的工业活动，即定性建议措施。非洲被称为"21 世纪的大陆"，非洲人口将持续增长，考虑到这个事实，与中国达成的本项新协议具有重要意义。

非洲在世界人口中的庞大比例将加快非洲的城市化节奏，推动中产阶级的崛起。无疑，这将带来与贫困、粮食、住房、教育和卫生需求增加等相关问题。随着中国在未来有望成为世界第一大国，非洲在21世纪发生的质变和量变都需考虑中国因素。正是由于这些事实，我个人非常关注"一带一路"倡议的发展及其对非洲和地中海地区的影响。

中国经验

通过研究中国，我从中国的成功发展及过去40年的重要变革中汲取了一些重要的经验。中国在几十年间一跃成为世界经济强国，而这些中国经验对于阿拉伯国家、非洲和地中海地区，以及需要对中国崛起做出回应的所有人都具有重要意义。

第一条经验与中国采取的一项重要措施有关，即加强各项基础制度建设，提高其生命力和历史可信度。中国快速、稳定发展有赖于坚实的管理体制，而执政党、军队和民意则是这些制度的三大基石。当中国在邓小平的领导下决定改革开放时，中国最先做的就是强化政治制度的核心地位。中国将制度作为服务于全新发展战略的工具，实现了多元化经济与政治集中制的结合。中国重视儒家文化传承，同时强调数千年历史遗产及共产主义新思想为中国发展做出的贡献。中国的主要目标是证明和强化经济发展与政治集中制的纽带关系。同时，中国还重点协同了历史遗产与现代化建设之间的关系。中国正在寻求建立更加可信和高效的制度，同时，通过人民参与发展方向的制定和决策，最大限度地提高制度效率。为此，中国共产党的党员数量扩大到近9000万人，同时他们的组成多样化。过去，党员主要由农民和工人组成。而过去几十年中，中国共产党逐渐吸收接纳了高层管理人员和知识分子，甚至是工商业界人员。党员在政治领导人与公民社会之间发挥着越来越重要的桥梁作用，同时，党群交融通过社交媒体进一步加深。我认为，中国方案是一个很好的案例，非洲和阿拉伯国家可以从中获得启发。这些国家与中国相距甚远，但和中国一样，都拥有自己的独特的历史。但是，这些国家有必要向更可信的方向加强自身的政治体制建设。同时，它们还必须明确强调自身历史和文化的辉煌之处。它们必须面对现代化、经济多元化和文化多样性带来的开放性挑战。

我从中国获得的第二条经验是其对领土和主权完整的重视。中国一向重视捍卫国家领土完整和国家主权，正是这些领土共同为中国的文明建设做出了贡献。正是基于这种认识，中国才将经济发展状态与民族问题联系在一起。通过这种方式，中国成功地恢复了对曾分别处于英国和葡萄牙殖民统治下的香港和澳门行使主权。对中国而言，领土完整不仅是神圣不可侵犯的，同时也有助于实现经济发展，巩固其在亚洲和世界上的地位。这就是为什么中国在实现领土完整的过程中，承认自身领土的历史特殊性。也正是本着这种精神，中国强调"一国两制"原则。我一直认为中国的做法对摩洛哥来说有重要的参考价值。实际上，摩洛哥仍在为自己的领土完整，以及使国际社会承认摩洛哥对先前被西班牙殖民的撒哈拉地区的主权而斗争。摩洛哥必须谨记，其仍有两个城市自15世纪末以来一直被西班牙占领，它们分别是塞卜泰（休达）和梅利利亚。而西班牙也必须收复自18世纪以来一直被英国占领的直布罗陀。我同时认为，许多局势不稳定，面临分裂和领土再分割危险的阿拉伯和非洲国家也可从中汲取经验。

我从中国的巨大变化中学到的第三条经验与中国优先发展经济有关。在毛泽东时期，中国曾遭受西方国家的禁运制裁。由于意识形态在中国的政治和经济问题中，特别是在"文化大革命"时期所扮演的重要角色，中国也曾处于国际社会的边缘。从20世纪70年代末起，经济成为公共政治的中心，其主要目标是提高国家生产力，以抗击贫困和满足人口的物资需求。这项新的举措使中国成为世界经济强国和极具吸引力的技术创新中心。

以发展经济为主，中国制定了开放的出口产业战略，并为实现生产的多样化采取了强有力的措施。这一战略重视劳动价值和创造力。在最开始，中国的经济积累以劳动密集型产业为主，随后逐渐向技术密集型转变。对外开放一方面使中国赢得了世界各地的市场，另一方面又倒逼中国以知识和尖端技术求得发展。当经济增长率开始下降时，中国又采取了一种新的发展模式，即优先扩大国内市场、提高工资水平、有效运用技术、治理污染，同时更加注重绿色经济。这些举措成为21世纪中国保持经济增长的新基础。

我注意到，在重视经济发展的前提下，中国政府加强了对内外部平衡的控制。这项严格的政策增强了中国在世界经济谈判中的地位，并使得中国在21世纪初成为世界贸易组织成员。这一局面使中国能够从容应对2008年至2016年发生的世界经济和金融危机。

我认为，以经济为中心的做法是建立在对外和对内的战略选择基础上的。未来，将竞争限制在经济领域是维护世界和平的一个重要因素。这就是为什么中国领导人将"一带一路"倡议视为经济项目，将其作为服务基础设施、交流和投资，促进增长、繁荣与和平的重要手段。

从中国的经验来看，我一直认为，要理解经济至上原则首先要认识到劳动、教育和知识的重要价值，这符合阿拉伯和非洲国家的利益。这也意味着，经济发展政策必须以工业化和提高农业发展潜力为基础，而非建立在与石油和原材料开采相关的食利型政策之上。在很多方面，食利型政策是许多阿拉伯和非洲国家崩溃的原因之一：在政治层面，这种政策催生了专制主义；在经济层面，它是产业疲乏的根本原因；在社会层面，它一直是不平等和不公正的根源；而在国际层面，食利型政策使得这些国家在世界上的地位被逐渐削弱。

我们需要从中国的发展历史中汲取的主要经验是，始终认真参与复杂的多元化经济，有效管理内外部平衡，发挥扩大国内市场与征服国外市场之间的协同作用，最后让教育、技术和科学做到真正的相互促进。

我从中国学到的第四条经验与区域一体化对中国经济发展战略的重要性有关。实际上，我注意到，自改革政策落地和市场经济开放以来，中国一直将经济发展战略与地区发展，即亚洲邻国的发展相结合。中国的亚洲邻国在区域经济网络建立前后，于20世纪50年代至80年代开始了工业化进程，中国从这种工业化中受益颇丰。如今，中国已加入了区域经济网络,并很快开始引领这个网络的发展。尽管这些国家和地区(日本、韩国、新加坡及中国台湾)在历史和政治上存在矛盾,但中国正是依靠这些国家和地区,形成了自身的产业活力,并成为区域团结的主轴。中国作为亚洲经济的一极,已成为美国和欧洲经济极的重要竞争对手。我认为这是一项重要的经验,应引起阿拉伯马格里布联盟[①]、南地中海地区和非洲各国的重视。这些国家必须明白,一个国家无法依靠自身来实现真正和永久的发展。同时,我认为全球化实际上包括区域化。阿拉伯国家和非洲国家必须对区域一体化进行管理,以此作为构建团结的基础,在促进和扩大各自国内市场的同时,为各国共同发展奠定坚实基础。我认为,由于欧洲经济极和以中国为核心建立起的亚洲经济极的存在,马格里布联盟国家迫切需要从中吸取经验教训。因为马格里布联盟国家在过去的60年中,即自先后独立以来,错过了世界重大变革带来的许多机遇。马格里布联盟国家间合作匮乏已经损害了区域人民的切身利益,加剧了整个联盟地区,乃至地中海大部分地区的经济停滞的局势。同时,我认为,在马格里布联盟狭小的地区框架内制定发展政策已显示出明显的局限性。这极大助长了各国的食利型经济,在应对来自北半球发达国家和中国的全球化挑战方面,同时削弱了马格里布联盟的经济地位。中国提出的"一带一路"倡议正在敲响我们的大门。亚洲围绕中国的巨变激励着我为建立区域条件、促成马格里布联盟国家之间的合作而积极活动。

最后,我从中国的发展中获得的第五条经验是加强多边主义和多极世界或无极世界对国家发展的关键作用。我很明确,全球化导致了区域化。今天,一个国家和民族无法独自面对全球化对竞争和技术进步的迫切需要。这种情形催生了以自由贸易区(美国、加拿大和墨西哥)、共同政策(欧盟)或产业网络为基础的区域一体化。

在战略层面上,第二次世界大战结束后形成了两极化世界,而这个两

[①] 阿拉伯马格里布联盟(Union of the Arab Maghreb; Union du Maghreb Arabe – UMA)成立于1989年2月17日,由摩洛哥、突尼斯、阿尔及利亚、利比亚及毛里塔尼亚等地处北非马格里布地区的国家组成,简称马盟。常设秘书处设在摩洛哥的拉巴特。

极化世界随着1991年苏联解体而消失，美国成为单极世界中唯一的世界性领导大国，一直到2008年初爆发世界经济和金融危机，此后美国经济出现连续下滑。

这次危机代表着一个转折点。它促成了二十国集团（G20）的成立。该集团的主要职责在于制定政策，共同应对衰退并恢复世界经济。在G20第一次峰会上，各国对世界经济的管理进行了反思。从某种意义上来说，2008年经济危机终结了单极世界。与此同时，中国成为世界第二大经济体。我认为，中国在全球化（从政治、经济、战略和文化等方面而言）背景下获得的这种地位将有助于形成多极世界。

实际上，我认为在世界两大经济极之间的竞争中，中国对经济的高度重视将使其站在多极世界这一边。中国将捍卫一个平衡的世界，一个共享的世界，一个承认不同文明与文化之间差异、多样性和相互影响的世界。我确信，反对世界单极化的任何行动都符合摩洛哥及所有马格里布联盟、南地中海地区、阿拉伯和非洲国家的利益。这将使我们能够奠定和巩固我们区域一体化所需的条件。我们必须使地中海再次成为欧洲与非洲之间的中立地区。如此一来，非洲—欧洲—地中海地区将能够同时与亚太地区（以中国为中心）及美国、大西洋和太平洋地区建立起平衡关系。正如我之前所说的，在建立纵向合作战线（非洲—地中海—欧洲）的同时，必须在马格里布联盟国家及非洲国家之间建立横向合作战线。我认为，这些是中国当前"一带一路"倡议取得成功的必要条件。"一带一路"终于地中海地区，同时，地中海也是欧洲陆地丝绸之路和地中海海上丝绸之路的交汇点。

我一直很仰慕古代中国。回顾历史，秦朝（公元前221年）开辟了第一条通向地中海地区（当时仍处于罗马帝国时期）的丝绸之路，如今，习近平主席重新启动了这条丝绸之路。同样，在7世纪的唐朝，科学技术发明为中华文明绽放新的光芒奠定了历史基础。在同一时期，阿拉伯和伊斯兰文明在地中海东部（大叙利亚、伊拉克、土耳其）和地中海西部（马格里布和安达卢西亚）诞生并开始熠熠生辉。因此，我们的两种文明都为人类的进步做出了贡献。

我认为,"一带一路"倡议旨在将作为主要新经济极的中国与地中海地区连接起来,重拾中国先人的壮志雄心。

在我看来,对中国崛起的研究结果揭示了地中海、阿拉伯和非洲国家必须面对的挑战,即必须设法打破本地区的阻塞局面。这种阻塞似乎是由另一个时代的对抗、政治专制和文化衰退造成的。今天,我们的挑战还包括如何建设我们的民族国家、如何实现国家领土完整、如何重建国家体制和基本制度、如何着眼于劳动和知识(而非食利)重建经济,以及如何重新激活地区经济体融合的活力。我研究中国的主要目标是从中国的发展和成功中吸取经验,推动建立必要条件,使地中海地区恢复历史上的中心地位并像中国一样熠熠生辉。这将有助于非洲地中海地区国家真正参与一个更平衡、更共享、更多元和更多极化的世界。我们正是以这种方式向中国伸出双手,与这个伟大的国家携手合作,共创更加美好的世界——一个繁荣与和平的世界。

中国与全球化新形势

我认为,中国正在崛起为世界大国,同时,在中国的带领下,全亚洲将为全球化注入更多平衡和多元化因素。从 15 世纪开始,到第一次世界大战结束,全球化进程都是由西欧主导。此后,特别是自第二次世界大战结束以来,西欧的主导地位被美国取代。通过对中国过去 40 年发展过程的研究,我认为,全球化越来越受到两个经济极的推动,一个是美国,另一个则是中国。这意味着全球化的光芒如今已远离地中海。这一结论促使我在完成了《中国与我们》后又撰写了一部新书。我给这部书起了一个意味深长的名字——《全球化和我们——剧变中的南半球国家》(les Editions la Croisée des Chemins)。该书的阿拉伯语译本将很快完成,同时还加上了副标题:南半球国家的回应。在这两部书中,中国都占据了很大篇幅,因为她在全球化中发挥着重要作用,在贸易和技术方面正与美国展开激烈竞争,同时伴随着日益升级的文化、政治和战略博弈。尽管中国距离非洲和地中海国家十分遥远，但实际上，双方通过日益升温的经济、商业和金融关系越走越近。今天，从非洲北部到撒哈拉以南的各个非洲国家，中国身影随处可见。

南半球国家需要对全球化新形势做出回应。实际上，当前的全球化是以中美激烈竞争及新技术、数字和人工智能动态、快速发展为特征的全球化。但是，这种深刻的变化同时也伴随着非洲人口激增（如我所述，这也是一个机遇）、气候变暖和环境恶化、污染加重、民族主义和文化对抗增加、极端主义和地缘政治矛盾增加等太多风险。我在新书中依然强烈呼吁，中国在全球化进程中发挥重要作用。我所说的全球化，是多极支撑，同时承认各个文明和文化贡献的全球化，是能够终结政治不公正（应承认巴勒斯坦人民的合法权利）和经济不公正（非洲的贫困和不发达）的包容性全球化，是能够实现地中海地区与中国之间团结合作的全球化。中国和地中海地区都是数千年文明的发祥地和15世纪以来全球化进程的起点。那时，全球化尤其意味着殖民，先是西班牙和葡萄牙，后来是英国、法国、荷兰和德国，再后来是美国。正如我在新书中提到的那样，从历史分析来看，那时的全球化仅仅意味着征服和帝国主义。今天，全球化必须展现出光芒四射的人性一面，这意味着更加共享、更加平衡和更加包容的全球化。

在这方面，我坚信中国的贡献，特别是通过实施"一带一路"倡议，建立一个更加共享、更加包容的繁荣世界是至关重要的。